# EQUILÍBRIO
## INSTÁVEL

## Coleção Crescer em Família

- *Adoção: exercício da fertilidade afetiva*, Hália Pauliv de Souza

- *É possível educar sem palmadas? Um guia para pais e educadores*, Luciana Maria Caetano

- *Equilíbrio instável: a separação dos pais narrada pelos filhos*, Ennio Pasinetti e Mariella Bombardieri

- *Juntos somos mais que dois: dicas para um casamento feliz*, Mari Patxi Ayerra

- *Quando é necessário dizer não: a dinâmica das emoções na relação pais e filhos*, Mariângela Mantovani e Mario Roberto da Silva

- *Um amor de irmão: como sobreviver aos ciúmes e às rivalidades entre irmãos*, Dolores Rollo

Ennio Pasinetti • Mariella Bombardieri

# EQUILÍBRIO
## INSTÁVEL

A separação dos pais
narrada pelos filhos

**Dados Internacionais de Catalogação na Publicação (CIP)**
**(Câmara Brasileira do Livro, SP, Brasil)**

Bombardieri, Mariella

    Equilíbrio instável : a separação dos pais narrada pelos filhos / Mariella Bombardieri, Ennio Pasinetti ; [tradução Geraldo Lopes]. – São Paulo : Paulinas, 2017. – (Coleção crescer em família)

    Título original: In bilico : la separazione dei genitori raccontada dai figli
Bibliografia
ISBN 978-85-356-4158-5

    1. Filhos de pais separados 2. Pais e filhos 3. Separação (Direito) 4. Separação (Psicologia) I. Pasinetti, Ennio. II. Título. III. Série.

16-03156                                                                                          CDD-155.44

**Índice para catálogo sistemático:**
1. Filhos de pais separados : Aspectos psicológicos     155.44

Título original da obra: *In bilico: La separazione dei genitori raccontata dai figli*
© Paoline Editoriale Libri: Figlie di San Paolo
Via Francesco Albani, 21 – 20149 Milano, Italy.

1ª edição – 2017

Direção-geral: *Bernadete Boff*
Editora responsável: *Andréia Schweitzer*
Tradução: *Geraldo Lopes*
Copidesque: *Simone Rezende*
Coordenação de revisão: *Marina Mendonça*
Revisão: *Ana Cecilia Mari*
Gerente de produção: *Felício Calegaro Neto*
Projeto gráfico: *Manuel Rebelato Miramontes*
Diagramação: *Jéssica Diniz Souza*

Nenhuma parte desta obra poderá ser reproduzida ou transmitida por qualquer forma e/ou quaisquer meios (eletrônico ou mecânico, incluindo fotocópia e gravação) ou arquivada em qualquer sistema ou banco de dados sem permissão escrita da Editora. Direitos reservados.

**Paulinas**
Rua Dona Inácia Uchoa, 62
04110-020 – São Paulo – SP (Brasil)
Tel.: (11) 2125-3500
http://www.paulinas.org.br – editora@paulinas.com.br
Telemarketing e SAC: 0800-7010081
© Pia Sociedade Filhas de São Paulo – São Paulo, 2017

*Aos nossos entrevistados,
sem os quais este livro não poderia ter sido escrito,
um pequeno gesto de agradecimento
pelo muito que nos ofereceram.*

# Sumário

Prefácio .................................................................. 9

Introdução ............................................................ 13

CAPÍTULO I
A separação conjugal ........................................... 19

CAPÍTULO II
Um método que é um encontro ........................... 27

CAPÍTULO III
Falar de separação aos filhos ................................ 37

CAPÍTULO IV
O tempo da espera ............................................... 51

CAPÍTULO V
A ausência daquele que se vai .............................. 59

CAPÍTULO VI
Reorganizar o cotidiano: escola, convivência familiar,
festas, férias ......................................................... 69

CAPÍTULO VII
Ser pais, não obstante os estilos educativos,
os conflitos, as escolhas a fazer ............................ 79

## Capítulo VIII
Refazer os relacionamentos com parentes e amigos ............ 89

## Capítulo IX
Os momentos de crise e os desejos frustrados ..................... 97

## Capítulo X
Refletir, reelaborar, agir ..................................................... 107

## Capítulo XI
O que dizer aos pais que se separam .................................. 117

## Capítulo XII
Entrevista com uma mediadora familiar ............................. 125

Conclusões ......................................................................... 149
Bibliografia ........................................................................ 151

# Prefácio

Separações e divórcios estão em constante aumento. As causas são várias e complexas: certamente se deve levar em consideração uma mudança cultural que torna a união conjugal mais frágil, há maior incapacidade por parte dos cônjuges em enfrentar dificuldades e conflitos de modo construtivo, mas, sobretudo, não se toma cuidado com a relação conjugal desde o início nem são adequadamente acompanhadas as várias fases de transformações típicas do seu ciclo de vida. É importante que, aos primeiros sintomas de dificuldades, o casal tenha coragem de pedir ajuda e não se feche numa estéril autossuficiência. Quando, porém, a relação já está comprometida, podem-se empreender percursos de reconciliações para os casais dispostos a avaliar as possibilidades de tratar as feridas ou indicar formas de mediação para gerenciar a separação de modo mais adequado possível, sustentando a função educativa parental e as difíceis dinâmicas relacionais que a acompanham. A experiência da fragilidade, portanto, envolve cada vez mais frequentemente a família e as relações que nela ganham vida. As relações pais e filhos são as que sofrem mais, pois, durante a separação, se tornam sempre mais complexas e difíceis de serem administradas.

Para os filhos, a separação dos pais e as relações conflituosas que geralmente a precedem e a acompanham são acontecimentos que criam incertezas e exigem respostas. Eles as esperam dos adultos, que têm responsabilidades educativas, capacidade de oferecer apoio no sofrimento e de dar sentido à experiência. O sofrimento, a dor, as mágoas rompem os equilíbrios consolidados, revelam novas dimensões, colocam interrogações inéditas, convidam a reconsiderar a relação com si mesmo e com os outros, conduzem à busca de novos horizontes de sentido, contanto que a pessoa se deixe questionar por eles.

O livro enfrenta com delicadeza e competência a experiência da separação conjugal e suas repercussões sobre as relações familiares, a partir de um ponto de vista particular: o dos filhos. Filhos de pais separados, agora adultos, releem a própria experiência e, através da narrativa, conseguem dar significado ao sofrimento vivido.

Trata-se justamente de histórias "instáveis", de quem, após ter vivido o sofrimento e a ruptura de antigos equilíbrios, conseguiu construir nova estabilidade. Trata-se, em muitos casos, de equilíbrios relacionais que permitiram caminhar sobre fios suspensos no vazio, em busca de novas relações.

O conflito e a mágoa da separação são situações críticas para toda a família e para os filhos em particular. Tal situação crítica nasce de um evento que gera sofrimento, modifica os projetos e ameaça a estabilidade emocional; isso determina a ruptura de um equilíbrio e implica um processo de transformação e mudança. Ao mesmo tempo, a crise coloca a pessoa diante da necessidade de realizar escolhas, induz a redefinir o próprio projeto existencial à luz de novos eventos e em função das próprias referências de valores.

As crises se tornam, então, ao menos potencialmente, uma ocasião de conhecimento e de transformação porque "o confronto com as perguntas suscitadas pelo sofrimento e pela dor, as experiências do acompanhamento das pessoas nos momentos mais difíceis, o testemunho da proximidade [podem constituir] um verdadeiro caminho de educação à esperança".[1]

Se uma pessoa, seja pai, seja filho, que vive uma situação de dificuldade, de fragilidade ou de ruptura de um relacionamento, não tem a possibilidade de ser acolhida, escutada e compreendida, também não terá a possibilidade de enfrentar e reelaborar a dor que a invade, de retomar um caminho que a leve a redefinir o próprio projeto de vida.

Trata-se, portanto, também nas situações mais difíceis, de refundar os relacionamentos intergeracionais, de recompor a trama que sustenta a relação educativa. Para realizar isso é necessário que os pais, ainda que estejam separados, recuperem a própria responsabilidade educativa, assegurem o compromisso e a dívida perante os filhos.

---

[1] CEI. *Educare alla vita buona del Vangelo*. Orientamenti pastorali dell'Episcopato italiano per il decennio 2010-2020, n. 54.

Pais e filhos se encontram empenhados em uma tarefa educativa conjunta, cujo êxito depende das qualidades das relações em jogo e da capacidade de enfrentar a situação. Trata-se de um processo que investe uns e outros, simultaneamente e de modo interconexo, da consciência de que o ser humano torna-se autenticamente ele mesmo através das relações. É ao relacionar-se que cada um toma consciência de si mesmo. Esse aproximar-se do outro, estabelecendo conexões vitais, mesmo nas situações dolorosas, afasta a solidão e gera esperança.

As histórias de vida narradas neste livro entrelaçam-se a ponto de estabelecer uma trama que oferece ao leitor a possibilidade de adentrar nas vivências dos filhos de casais separados, percebendo as dificuldades dos pais em preservar as suas funções educativas. Surge daí uma narração viva e em tempo real, que dá voz à fragilidade e ao poder dos relacionamentos familiares.

*Domenico Simeone*
Professor de Pedagogia Geral e Social
na Universidade Católica Sagrado Coração de Milão
e Presidente da Confederação Italiana
de Consultores Familiares de Inspiração Cristã.

# Introdução

> Alguém disse que as coisas não existem
> se não há palavras pelas quais possam ser nomeadas.
> (Gianrico Carofiglio)

A primeira lei sobre o divórcio na Itália, a chamada lei Fortuna-Baslini, foi aprovada em 1º de dezembro de 1970; a seguir, em 1974, houve um referendo ab-rogativo, mais conhecido como referendo sobre o divórcio, que se concluiu com a confirmação da lei. Sucessivamente, a normativa foi modificada pelas leis 436/1978 e 74/1987. Em particular, com esta última reduziu-se o tempo necessário para a sentença definitiva de divórcio. Em 2006 foi aprovada a lei n. 54, que introduziu a guarda compartilhada dos filhos.

No Brasil, o divórcio foi regulamentado pela lei 6.515 de 26 de dezembro de 1977, que estabelecia a conversão da separação em divórcio depois de três anos de separação judicial do casal ou cinco anos de separação de fato. Posteriormente, a Constituição Federal de 1988 reduziu o prazo de conversão para um ano e para dois anos de separação de fato. A partir de 2007, o divórcio passou a ser requerido sem a necessidade de uma ação judicial, quando o casal não tem filhos menores de idade ou incapazes.

Muito tempo se passou desde essas leis. As separações e os divórcios aumentaram bastante e as intervenções dos legisladores apenas regularizaram uma situação existente, uma necessidade difusa, portanto, ainda que com relação ao passado se tenha criado uma cultura maior sobre esta intervenção, uma sensibilidade mais orientada para a vida dos filhos e a possibilidade de pedir auxílio para administrá-la do melhor modo possível. A instabilidade familiar é um fato que precisa ser levado em consideração. Alguns problemas permanecem sem solução: nem sempre os pais podem contar com os serviços de apoio e é muito alta a conflituosidade em certas situações familiares.

## Um equilíbrio instável

Enquanto trabalhávamos neste livro, chamou a atenção da imprensa o drama de Leonardo, uma criança de apenas dez anos, filho de pais separados, retirado à força da escola para ser entregue ao pai. Causou grande clamor essa história, composta de conflitos insanáveis entre os pais e de pouca colaboração entre as instituições. Ela confirmou ainda mais a necessidade de escrever um livro sobre o tema a partir da experiência daqueles que tinham vivido a separação dos próprios pais e que agora são adultos.

Para aventurar-nos em tal direção, escolhemos uma imagem que, por si mesma, é uma constatação e um respeitoso ponto de partida: a corda bamba. É como dizer "em desequilíbrio" e, ao mesmo tempo, a busca jamais satisfeita e definitiva de um ponto de equilíbrio. É um estado (estar na corda bamba), é uma ação, mental ou real (escolher ou caminhar sobre a corda bamba). Trata-se de uma ação que está presente na maior parte da nossa vida, mesmo quando não temos consciência e, portanto, um estado com o qual devemos conviver.

Relacionada à ideia de dar voz ao sofrimento vivenciado pela parte mais frágil atingida pela fragmentação de uma família – porque certa dose de dor é sempre uma marca nesses casos –, a imagem do equilíbrio instável combina com os adultos que vacilam diante das dificuldades da vida conjugal e sua condição de pais; com os próprios filhos, protagonistas deste livro, controverso e partilhado; com os diversos contextos – familiar, fraterno, social – que oscilam entre solidariedade e compaixão.

Para dar conta desse estado de ambiguidade, quisemos tentar um olhar distanciado, como ocorre na mediação familiar, onde um mediador auxilia na leitura e no entendimento de alguns acontecimentos familiares e acompanha os pais na vivência dessa transição; as nossas competências (ou talvez deformações) profissionais nos conduzem em tal sentido: uma psicopedagoga, atenta à densidade comunicativa da palavra, habituada a escutar e a fornecer chaves de leitura das experiências educativas e dos sentimentos para favorecer a possibilidade de crescimento interior; e um redator, habituado a considerar a palavra como matéria a ser escavada e filtrada, não para deformá-la, mas para fazê-la brilhar em sua essência.

## Uma forma de esclarecer a realidade

Assim, guardando certa distância e com profundo respeito, fomos nos aproximando das pessoas e suas histórias – ou, se preferir, o contrário: das histórias e seus personagens – para tentar encontrar o fio condutor onde parecia haver apenas fragmentos.

Também utilizamos um artifício literário, uma espécie de "ficção" para introduzir os testemunhos que são o núcleo do livro: dois jovens, Marco e Sara, filhos de pais separados, que nos dias e nas atitudes que precedem o seu casamento, são induzidos a reler e colocar a própria experiência pessoal em uma perspectiva que se abre à esperança do futuro. Não se trata exatamente de um "interlúdio" narrativo, mas de uma forma de aproximar-se da realidade mediante um texto romanceado (mas nem por isso irreal, também ele na corda bamba!), para fazer emergir problemas e recursos, quiçá com um pouco de leveza, a um olhar de esperança mais do que de esforço.

O objetivo é também o de oferecer um auxílio a quem está vivenciando uma separação e pode encontrar-se em crise e sentir-se desorientado, levando em conta a delicadeza do argumento e a inutilidade de respostas preconcebidas ou, pior ainda, moralistas. Em nossa pesquisa, não nos arriscamos em julgamentos arrogantes, muito fáceis para quem está de fora; ao contrário, este livro pretende oferecer pistas que conduzam a algumas questões e ao aprendizado a partir das experiências dos filhos.

Apesar de a lei de divórcio abordar a guarda compartilhada dos filhos, ainda são muitas as dificuldades de sua gestão concreta. Simona Ardesi, advogado e professor de Direito da Universidade Católica de Brescia, em uma palestra sobre separação, afirmou que a palavra "guarda" subentende a palavra "confiança", tão difícil de ser colocada em prática quando mãe e pai se separam. Não obstante essa dificuldade, porém, valendo-nos da aproximação simbólica relacional sobre família, acreditamos ser possível gerar também a partir desse acontecimento doloroso. Gerar também quando se vive a transição da ruptura da aliança conjugal, sabendo que o filho tem necessidade de ambos e que um não é mais ou menos merecedor de confiança que o outro; seria injusto ou ao menos carecia de comprovação. Os filhos têm necessidade de mãe e de pai e amam a ambos: é o que emerge de nossas entrevistas. A ligação sagrada por excelência é a que existe entre pai, mãe e filho, e não pode ser anulada. Anular as experiências de vida significa empobrecer ou perder também a sua riqueza.

# CAPÍTULO I

# A SEPARAÇÃO CONJUGAL

## Quando mãe e pai se separam

Não é possível fechar os olhos diante do problema da fragilidade familiar. Mas de que forma é possível ajudar os filhos a superar essa crise e crescer não obstante a dor de ver a própria família despedaçada? Muitos estudiosos afirmam que a separação não é uma coisa fácil de ser vivida, seja para os filhos, seja para os pais, mas que certamente é mais prejudicial estar dentro de um conflito contínuo, antes e depois da separação.

Cada criança tem na mente um ideal de família, o qual não prevê a separação dos pais; eis porque, no momento em que isso acontece, para os filhos há uma crise: a morte de um ideal, o nascimento de medos diante de um acontecimento inesperado. Se mamãe e papai se separam, o filho teme que se separem dele também. Há um grande medo de perder os pais e de, como filhos, ser a causa da separação. Quando os pais se separam, inicialmente os filhos sentem uma espécie de vergonha, sentem-se diferentes dos outros, confusos, tristes ou com raiva. A separação, porém, não leva necessariamente a doenças, mas depende muito do modo como os pais a conduzem e da relação que até aquele momento tiveram com os filhos.

Um aspecto muito delicado diz respeito à comunicação da separação aos filhos. Os pais devem pensar cuidadosamente sobre onde, quando e o que dizer. É preciso estar pronto para isso e preparar-se. Se os pais estiverem muito confusos, pode ser útil pedir ajuda e consultar um psicólogo ou outro especialista. No momento da comunicação é importante reassegurar aos filhos que não é culpa deles, que os pais continuarão a amá-los, que às vezes acontece de as pessoas não viverem mais juntas, mas que nunca se deixa de ser pai ou mãe.

Após a comunicação, os adultos devem estar dispostos a acolher as reações de raiva e dor, devem oferecer apoio, calma, estar junto e também tolerar os momentos de dificuldade e desânimo. Para os pais, o anúncio da crise é um fato que preocupa; por isso, é bom conversar, preparar-se minimamente para esse momento, assim como escolher como fazê-lo com base na personalidade e na idade dos filhos. Quanto menores as crianças, mais a comunicação verbal deve ser fática, ou seja, com mensagens simples, mas mantendo o canal de comunicação aberto para que façam perguntas à medida que sintam necessidade. É preciso dar tempo aos filhos para reelaborar o luto; os pais devem ter paciência e compreender que, se não é fácil para eles viver este acontecimento, será ainda menos para os filhos, a quem esta escolha é imposta. Os pais devem levar em consideração que na fase inicial os filhos poderão ter uma queda no rendimento escolar. Lucas, de 13 anos, dizia: "A minha cabeça vai de um lugar a outro e está cheia de preocupações". Podem acontecer mudanças de humor, e por isso é importante estar perto deles. Os amigos e os familiares podem ajudar oferecendo apoio. Algumas crianças podem se tornar mais agressivas ou birrentas; outras podem somatizar com dor de barriga ou de cabeça. Os pais devem ser tolerantes com os filhos nos períodos mais difíceis e, se for o caso, saber pedir auxílio.

O que deve ser evitado é o surgimento de outros conflitos, desacreditando o outro genitor, descontando as próprias emoções no filho pedindo-lhe que exerça um papel que, por sua pouca idade, não consegue cumprir, ou ainda banalizando a sua dor. Maria, de 9 anos, dizia: "As crianças amam o pai e a mãe, é difícil torcer por um ou por outro".

A separação é um evento traumático, mas como tudo que causa dor, a superação se torna mais fácil quando temos ao lado alguém que nos apoia, que gera confiança, que compreende o que está acontecendo.

## Quando a separação corre o risco de fazer "muito" mal aos filhos

A separação é um acontecimento crítico da vida familiar, uma ruptura que cria desorientação e dor. É como se um navio estivesse em meio a uma tempestade e fosse difícil manter o rumo. Desequilíbrio, medo, dificuldades predominam, caso não exista alguém capaz de guiar a situação.

O exemplo do navio Concórdia, que colidiu com a ilha de Giglio em 2012, pode ser útil. Se o capitão tivesse permanecido a bordo, o desastre não teria sido evitado, mas haveria alguém no comando, procurando estabelecer a calma, sendo uma referência e, com a tripulação, buscando estratégias para evitar o pior. É verdade que, numa crise, a tentação de fugir é forte e não é fácil manter o equilíbrio. Assim como no navio Concórdia, também na família podem existir adultos que perdem o controle da situação e não se responsabilizam pelas coisas que lhe dizem respeito por função ou competência. Adultos que perdem o timão familiar tornam as dificuldades ainda mais difíceis e complicadas. No navio encalhado, todos tinham medo, grandes e pequenos, mas fizeram a diferença aqueles que conseguiram ir além, que não pensaram apenas em si mesmos, que deram atenção aos mais frágeis. Na separação é preciso que os pais façam a mesma coisa, considerando a vivência dos filhos e utilizando a razão para administrar as emoções.

Infelizmente, nem sempre isso acontece e a separação se torna então "muito dolorosa". Os filhos ficam magoados quando não lhes é explicado o que está acontecendo, quando se sentem "usados" como porta-vozes do ex-cônjuge, quando o conflito continua por qualquer bobagem, quando há esquecimento, desatenção, quando se criam novas convivências sem que eles tenham tempo para reelaborar o próprio luto, quando estar com a mãe ou o pai significa ficar sob os cuidados dos avós, dos tios, dos amigos, enquanto se ataca o outro cônjuge e se lhe ameaça a imagem. Acontece então que a separação não tem fim e à dor primária se acrescenta outra dor, que se pode transformar em raiva, agressividade, transgressão. Se, ao contrário, os capitães permanecem comandando o navio, após a tempestade consegue-se voltar a admirar o mar, certamente sem esquecer os medos vivenciados, mas com a esperança de poder prosseguir na viagem da própria vida.

## Poder dar voz aos filhos quando os pais se separam

Diante das imagens publicitárias retratando famílias felizes, o filho que vê seus pais se separando sente-se deslocado, errado. A culpa, porém, não é dos filhos, mesmo que alguns acabem acreditando nisso. A separação é dolorosa, por isso é importante, antes de chegar a essa decisão, que o casal tente todos os recursos para procurar sair da crise, recuperar o relacionamento perdido, reencontrar o sentido do elo familiar. Quando, porém, se chega à separação, os pais devem empenhar-se para tornar essa transição o menos dolorosa possível. É muito útil ter uma rede familiar e comunitária capaz de sustentar e apoiar tanto as crianças como os adultos.

Nessa lógica entra a experiência dos "grupos de palavra" surgidos no Canadá e na França, que se desenvolveram depois em outros países graças ao empenho de mediadores familiares formados na Universidade Católica do Sagrado Coração, nos *campi* de Milão e Brescia. O "grupo de palavra" é parte do Serviço de Psicologia Clínica para o casal e a família, aberto ao público, dirigido por psicólogos que também atuam como mediadores familiares após uma formação específica. No grupo é oferecido apoio e são favorecidas as relações de reciprocidade entre crianças de seis a doze anos, filhas de pais separados ou divorciados. Fazer parte de um grupo, estar com outras crianças que vivenciaram as mesmas experiências, permite-lhes sair do isolamento, favorece os contatos e as trocas, a verbalização das próprias emoções. Em grupo também é possível encontrar soluções que permitem às crianças fazer-se escutar pelos pais que, presos ao próprio conflito, correm o risco de esquecer quem está diante deles. São realizados quatro encontros e no último também os pais são convidados, permitindo aos filhos expressar-lhes um pensamento, uma mensagem. O grupo discute temas sérios, mas, sendo dirigido a crianças e adolescentes, utiliza instrumentos próprios para envolvê-los: desenhos, jogos teatrais, música, o momento do lanche. Juntos, eles conseguem reelaborar um pouco a dor da separação. Não há nada pior para uma criança do que ser obrigada a reprimir o sofrimento ou a raiva. Falar dilui as emoções, permite olhar de fora, tendo o apoio dos companheiros do grupo e de um adulto preparado. As crianças dizem coisas importantes que podem ajudar os adultos a compreendê-las melhor e ajudá-las. Como Laura, de 14 anos, que durante uma reunião do grupo disse: "Sofro muito pelo divórcio dos meus pais. Minha cabeça e meu coração doem... daria tudo para voltar a ser como antes". Como Júlia, de 13 anos: "Fico com meu pai a cada quinze dias, mas queria que fosse com mais frequência, quando eu tivesse vontade". Ou como Carlos: "Quando fico com meu pai, a namorada dele está sempre junto e ele não fala comigo".

Quando as crianças conseguem dizer o que pensam e os adultos, ainda que estejam sofrendo pela separação, as ouvem, a ferida se torna menos dolorosa e abre-se a possibilidade de todos ficarem mais serenos.

## Lembre-se

- Se mãe e pai se separam, o filho teme que se separem dele também.
- No momento da comunicação, é importante assegurar aos filhos que eles não têm culpa, que os pais continuarão a amá-los, que às vezes as pessoas deixam de viver juntas, como casal, mas nunca se deixa de ser pais.
- A separação é dolorosa, por isso é importante, antes de chegar a essa decisão, que o casal tente todos os recursos para procurar sair da crise, recuperar o relacionamento perdido, reencontrar o sentido do elo familiar.

# CAPÍTULO II

# UM MÉTODO QUE É UM ENCONTRO

## Deixar falar

Como acontece sempre quando escutamos histórias profundas, o simples fato de serem narradas faz surgir algo novo. É bonito ver a pessoa recordar e, aos poucos, fazer conexões, novas interpretações e perceber que cedemos espaço a quem está narrando... Cria-se uma relação de forte intimidade; sentimos emoções como tristeza, nostalgia; sentimos a confiança de quem nos está narrando a sua história e sabe o quanto é delicado o que está fazendo... E devemos interrogar-nos o que faremos dessa história.

A pedagogia narrativa ensina que se pode aprender muito com as histórias. Assim, pensamos em entrevistar adultos que haviam vivenciado essa experiência como filhos. Não nos parecia justo, de um ponto de vista ético e emotivo, entrevistar crianças e adolescentes. Entramos, então, em contato com as pessoas que queríamos entrevistar, as quais demonstraram grande disponibilidade. Mariella entrevistou cada uma delas, fazendo perguntas abertas, gravadas, transcritas e depois revisadas pelos protagonistas, que corrigiram as partes que desejavam acrescentar ou modificar. Três homens e três mulheres, entre 24 e 45 anos, nos contaram a sua história e nos permitiram adentrar na sua narrativa forte e carregada de emoções. Havia muito dentro deles, mas algo nasceu justamente no momento da conversa: alguns relembraram aspectos esquecidos, outros nos disseram que jamais tinham contado tais coisas a alguém, outros fizeram sínteses do que tinha acontecido.

Emergiu, então, aquela circularidade relacional que nasce da escuta, da troca, da partilha e que permite iluminar não somente a fragilidade, mas também a força que essas pessoas tiveram ao atravessar o sofrimento e a tensão existencial.

Como conclusão de cada capítulo, consideramos precioso destacar alguns pensamentos mais importantes, alguns pontos de reflexão que não necessariamente resumem, mas conseguem representar, entre as palavras que recolhemos, uma emoção forte, uma mensagem para o leitor, e que foram reunidos em um quadro chamado "Lembre-se".

Para integrar os testemunhos daqueles que diretamente viveram a separação, pareceu-nos útil dar a palavra também a uma mediadora familiar, Ilaria Marchetti, que trabalha com o tema por profissão, mas também com forte envolvimento pessoal, como percebemos pelo conteúdo de seu discurso: sua contribuição permitiu integrar os pontos cognitivos e emocionais, éticos e psicopedagógicos. O mediador é um humilde artesão da elaboração do conflito; um acompanhador do casal que não pode assumir seu lugar, apenas facilitar e mediar a situação de modo a "conduzir o casal" para além da separação.

## Os entrevistados e a palavra separação

A primeira pergunta é direta: peço aos entrevistados para associar a palavra separação à primeira ideia que o termo lhes faz evocar. Um modo para descobrir-se e apresentar-se.

Marisa, de 24 anos, vive com um companheiro após um casamento precedente; é mãe de duas crianças.

Sentada diante de mim, consigo perceber a sua serenidade, a consciência do que viveu, mas também o desejo de ir além. Sua simplicidade e autenticidade tornam a narrativa leve, intensa, mas jamais dramática. Quando lhe pergunto o que associa à palavra separação, responde-me que a faz pensar na palavra "pais". Contudo, sempre viu a separação com tranquilidade.

"Após a separação, os meus pais ficaram mais tranquilos e eu também. Foi melhor assim, melhor do que viver juntos em uma briga contínua. Eu tinha 6 anos quando se separaram e o fizeram pelas suas diferenças: eram como o dia e a noite. Casaram-se com 18 anos mais ou menos, muito jovens..."

Sérgio, 38 anos, é casado e pai de uma menina. Trabalha como profissional autônomo.

Olhando-o sentado na poltrona diante de mim, sinto uma grande ternura; por trás de seu estilo sério capto uma grande sensibilidade, um sofrimento vivido no passado que conseguiu transformar também por meio da família que está construindo com uma mulher que ama e que o compreende. À palavra separação associa um homem e uma mulher que se deixaram; talvez por uma deformação profissional, visto que se ocupa de separações, mas também pelas tristes recordações daquele período.

"Era o ano de 1983; em 1982, durante a Copa do Mundo na Espanha, meus pais ainda estavam juntos. Pelo que me recordo, eu era a única criança da educação infantil do bairro cujos pais se separaram. Lembro que me sentia mal, porque meu pai se uniu a outra mulher e logo foi embora; foi difícil de aceitar. Mas também foi bom, porque brigavam frequentemente; os últimos dois ou três anos antes da separação foram muito difíceis, horríveis até onde me lembro. De fato, nas fotos da Primeira Eucaristia, período no qual meus pais ainda estavam juntos, mas estavam para se separar, percebe-se a minha cara feia."

Ricardo, 38 anos, pai de uma menina e proprietário de uma empresa.

Ao pensar nele, me vem à mente a palavra força, vontade de reagir, de não repetir os erros cometidos pelos seus pais, mas também desconforto pelo que teve de viver. À palavra separação associa as palavras "raiva" e "dor". Raiva porque, seguramente, a separação dos seus pais o levou a perder muitas coisas em sua vida e, sobretudo, porque muitas vezes se sentiu de alguma forma responsável por ela.

"Talvez eles não tenham dito abertamente, mas mamãe esperou que eu me tornasse maior de idade para se separar de meu pai."

Júlia, 24 anos, casada há poucos anos, funcionária de uma empresa.

Embora seja jovem, ela impressiona por sua capacidade de reflexão, pelo senso de responsabilidade, pelo desejo de não incomodar os outros. Quando lhe pergunto o que associa à palavra separação, emergem termos ligados à sua vida pessoal e à sua família de origem.

"Ao falar de separação, lembro-me de quando saí de casa para ir morar com meu namorado. Mas também da separação dos meus pais e da primeira vez que minha mãe me disse: 'Seu pai está fora de casa há algumas noites'. Quando eles se separaram, eu tinha 12 anos. Eu não sabia o motivo e jamais me foi bem explicado. Quando eu era pequena, me disseram superficialmente: 'Mamãe e papai não se entendem mais'. Depois que cresci um pouco, disseram-me que se haviam casado muito jovens e amadurecido de maneira diferente; as personalidades tinham se tornado tão diferentes que não conseguiam continuar juntos."

Lúcia, 45 anos, casada, com dois filhos, orientadora.

Quem é Lúcia? Uma pessoa que gosto de definir como uma pesquisadora de histórias, de sentidos, de palavras a dizer. Mas também uma mulher que não nega o seu sofrimento, não o disfarça, mas que o encara, mesmo sabendo que poderia ignorá-lo. O que significa a separação para ela?

"Uma condição provisória, mas permanente; algo que não se fecha, mas permanece sempre aberto; uma evolução contínua. Não consigo ver um fim; é uma coisa que evolui... Os meus pais ainda hoje se veem, convivem, mantêm uma relação. É uma situação aberta em contínua elaboração. É uma ferida que você sente e faz mais ou menos mal; é uma ferida que precisa ser continuamente observada, cuidada. Seja como filha, seja depois como mãe."

Samuel, 42 anos, casado há poucos meses, funcionário de uma empresa.

Consciência do que viveu, acolhida de suas emoções, busca de um sentido diferente para a vida, distanciamento de seus pais. Durante a entrevista, além das suas palavras, ofereceu-me as suas lágrimas, que me permitiram compreender ainda melhor o que um filho passa quando os pais entram em conflito e se separam. O que é a separação para ele?

"Lembro-me de alguma coisa... embora ache que meu inconsciente sepultou muito mais. Lembro-me de abraços ou, ao contrário, de brigas, pratos que voavam, gritos. Gritos também à noite. Lembro de uma vez em que me levantei e fui ver o que estava acontecendo... Em certo momento estava com meu irmão menor, a quem levei de volta para a cama. Não sei quantos anos eu tinha, talvez uns 7 ou 8. Provavelmente percebesse de forma vaga a responsabilidade de protegê-lo, mais do que de proteger a mim mesmo."

Tranquilidade e raiva se misturavam; desejo de esquecer e consciência de que o que se vive não pode ser apagado, mas somente reelaborado, porque apagando se corre o risco de perder pedaços de si mesmo e porque apagar não ajuda a aprender, mas apenas a negar.

Vittorio Cigoli e Eugenia Scabini, professores universitários e especialistas em relações familiares, definem separação e divórcio como "a consequência de uma ruptura que se insere num contexto de perda que não raramente degenera em ódio e discórdia e que coloca a família profundamente à prova, deixando marcas profundas na vida dos seus membros".[1] Hoje, mais do que nunca, a separação pode acontecer na história conjugal, mas nem por isso se torna natural, ainda que alguns autores pareçam inseri-la e considerá-la "da mesma forma que qualquer transição do ciclo de vida familiar".[2] Sobre isso, Vanna Iori, também professora universitária e autora de numerosas publicações sobre o tema, escreve: "Hipotizar que a dissolução de elos conjugais possa ser indolor para os filhos é um

---

[1] SCABINI, E.; CIGOLI, V. *Il famigliare*. Milano: Raffaello Cortina, 2000. p. 202.
[2] Id., ibid.

arrogante engano em relação às responsabilidades educativas dos pais. Ao contrário, dramatizar o acontecimento como uma desgraça sem medida é uma entrega à angústia que da mesma forma se torna prejudicial para a educação dos filhos".[3]

Esta dupla visão, que coloca a separação entre dor e esperança, emerge também das histórias dos entrevistados que narram ter sentido dor, insegurança, medo diante da separação dos pais, mas também alívio pelo fim das contínuas brigas, incompreensões e divergências que impediam estarem juntos de forma construtiva ou sensata. Contudo, o tempo serviu para assimilarem a situação. O tempo e também o modo de os adultos lidarem com os problemas, quando, como pais, cada um a seu modo, verbalizaram aos filhos a intenção de se separar... E os filhos lembram bem desse momento, porque significou para eles vivenciar algo que não queriam e que os conduziu, talvez, a uma maior serenidade dentro de casa, mas, certamente, também a lidar com a perda de algo que está na base da vida pessoal.

Joanne-Pedro Carrol, psicóloga e psicoterapeuta estadunidense, apresenta em seu livro algumas palavras sobre a separação ditas pelos filhos que não estão tão distantes das palavras proferidas pelos nossos entrevistados: "Para mim, a pior coisa do divórcio são as brigas. Eu continuo ouvindo-os dizer o meu nome, muitas e muitas vezes, quando discutem"; "tenho receio de que seja eu a causa de

---

[3] IORI, V. *Separazioni e nuove famiglie*. Milano: Raffaello Cortina, 2006. p. 5-6.

todo este problema"; "Quero somente tapar os ouvidos e gritar"; "Sim, também comigo é assim. Corro para o meu quarto e me escondo quando discutem".[4] São palavras que permitem compreender quanta responsabilidade têm os pais ao lidarem com esse acontecimento, mas também quanta responsabilidade têm aqueles que os pais devem ajudar e apoiar nesse momento.

## Lembre-se

- "Hipotizar que a dissolução de elos conjugais possa ser indolor para os filhos é um arrogante engano em relação às responsabilidades educativas dos pais. Ao contrário, dramatizar o acontecimento como uma desgraça sem medida é uma entrega à angústia que da mesma forma se torna prejudicial para a educação dos filhos."
- "Uma condição provisória, mas permanente; algo que não se fecha, mas permanece sempre aberto; uma evolução contínua."
- "A pedagogia narrativa ensina que se pode aprender muito com as histórias."

---

[4] PEDRO-CARROLL, J. *Putting children first*. New York: Penguin Group, 2010. p. 13.

# CAPÍTULO III

# FALAR DE SEPARAÇÃO AOS FILHOS

## O início de uma nova família

Nada a dizer. Sobre os detalhes, ela tinha outro ponto de vista, algo a mais.

Marco, inquieto, tinha trabalhado a tarde toda consertando a velha cômoda: lixa e verniz, troca de parafusos, substituição do fundo. Sara, que tinha polido uma moldura de prata, colocou-a sobre a cômoda e depois a mudou de lado, virada para o corredor da entrada.

Dessa forma, o velho móvel tinha se transformado em uma bela peça de decoração, dando vida àquele canto: ao olhar para ele, agora, podia-se sentir o aroma de chuva, de inverno; no final do dia, ao retornar do trabalho, ele deixará as chaves sobre o móvel atrás da porta e se sentirá em casa.

Era o que Marco e Sara estavam fazendo, após terem pintado as paredes e limpado o novo apartamento:

transformavam um espaço, não grande, mas luminoso, em um lar, na casa deles.

Paredes, portas, janelas, rodapés a serem colados e quadros a serem pendurados, prateleiras para fixar e caixas para esvaziar; gestos e objetos concretos, que falavam da escolha deles – um projeto de vida em comum – mais que muitas palavras. Afinal, Marco não sabia bem como usar as palavras.

"Que tal uma pizza?"

"Melhor dois sanduíches e uma cerveja. Libero duas caixas para nos sentarmos e comermos na cozinha."

Assim era Sara: caixas viravam banco e mesa e ali já virava a cozinha deles. Ficariam a sós e conversariam, depois de um dia de trabalho lado a lado, mas quase sem trocar uma palavra.

"Eu sei por que você está de mau humor."

"..."

"Você não mudou de ideia, né? Amanhã vamos contar para a sua mãe e na quarta-feira jantaremos com o seu pai."

"Sim, tudo confirmado... é só que... não é fácil."

"Nós já falamos sobre isso, Marco, e achei que tínhamos concordado: é verdade, somos filhos de pais separados, mas isso não significa que não possamos planejar uma vida juntos, assumindo nossas responsabilidades", e Sara tinha dado ênfase àquele "nossas". "Tornar-se adulto é isso: encarar os problemas, e não fugir deles."

"Eu sei, você tem razão... mas não é isso. É justamente esse caráter, quero dizer, oficial. Marcar um encontro para dar uma notícia..."

"Não entendi."

"Sabe, tem uma coisa no meu passado que ainda não resolvi, mesmo depois de anos."

"O que é?"

"O momento em que meus pais me disseram que não seríamos mais uma família, ou seja, que haviam decidido se separar."

"É verdade, acho que para os filhos esse é sempre um momento bem difícil."

"Dizer que doeu é pouco, mesmo se depois eu não soubesse como explicar. Houve outros momentos que me fizeram mal, mas daquela vez foi como se uma pedra caísse sobre a minha cabeça com a banalidade da situação: as palavras, o lugar, tudo me parecia fora de contexto..."

"Você nunca me contou isso. Tente! Talvez seja bom."

## Contar para os filhos: "nós nos separamos"

Cada vez mais há filhos que se confrontam com esta experiência, tanto que às vezes surgem "comunidades" como forma de "auxílio mútuo". "No início é difícil, mas depois você se sente menos mal", diz Tiago ao seu colega de classe. "De repente pode até ser melhor, sabe?", afirma João ao consolar Greta. De qualquer forma, tomar conhecimento da separação é complexo e doloroso. Parece que alguma coisa dentro se quebra e não se consegue mais consertá-la.

Gianrico Carofiglio, em seu romance *Non esiste la saggezza* [Não existe sabedoria], descreve bem a experiência de um filho ao receber essa informação dos pais. "Aquele foi o ano em que meus pais decidiram se separar. Foi uma ótima ideia, penso hoje, analisando em perspectiva o desenrolar dos acontecimentos – e das brigas – que conduziram àquela decisão. Na época eu estava menos propenso a considerar as coisas com objetividade e, quando soube que a nossa família estava para se dividir, senti como se fosse morrer. Meu irmão era quatro anos mais velho que eu... e se ficou perturbado com a notícia da separação, não o demonstrou. Pensando bem, provavelmente nem eu deixei transparecer. Ambos permanecemos em silêncio, enquanto mamãe e papai, depois de nos chamar à sala de jantar, tentando agir com naturalidade, como se fosse um fato corriqueiro, informaram-nos que estavam para se separar... Fizeram um discurso conforme orientam os livros, sobre como as coisas mudam, sobre os caminhos que se dividem em diversas direções, sobre como tudo isso, no fundo, é natural, sobre o afeto que permanece, ainda que diferente, sobre o respeito recíproco que deve ser preservado. Foi meu pai quem falou de afeto e respeito, e ante àquelas palavras pareceu-me notar um estremecimento... na expressão de minha mãe. Foi somente um franzir do cenho. Um momento depois havia recuperado a expressão de assistente social com a qual ambos nos davam a notícia... Uma das últimas coisas de que me lembro foi a pergunta de meu irmão: 'Quem é que vai embora de casa? E nós dois, como faremos?'. Disseram que nada estava decidido ainda e que justamente aqueles detalhes seriam discutidos nas próximas semanas... Detalhes? Onde eu ia morar era um detalhe? Lembro-me de ter pensado exatamente assim enquanto lutava contra o desespero e as lágrimas para impedir que saíssem".[1]

Fase delicada, portanto, aquela em que se dá a notícia aos filhos, fato também confirmado pela especialista Vanna Iori: "O momento mais difícil de todos, na fase que precede a separação, é o anúncio da decisão aos filhos: as crianças sempre sofrem ao tomar conhecimento da separação dos pais, encontrando-se diante de um acontecimento doloroso e inelutável. Mesmo quando parecem desejar o fim de um clima de agressividade e tensão insuportável, o anúncio da separação provoca mais perturbação que alívio e serenidade".[2] Nos grupos de palavra sob o cuidado da docente e mediadora familiar Costanza Marzotto, é interessante escutar as vozes dos filhos sobre esse tema. Nos textos que são lidos pelos filhos aos pais no último encontro se fala de tristeza, raiva, de sentir-se deprimido, de choro, de sofrimento...: "Vivo ansioso; sofremos mais do que vocês; os filhos também ficam mal fisicamente, com dor de barriga".[3]

---

[1] CAROFIGLIO, G. *Non esiste la saggezza*. Milano: Rizzoli, 2010. p. 121-123.
[2] IORI, V. *Separazioni e nuove famiglie*. Milano: Raffaello Cortina, 2006. p. 43-44.
[3] MARZOTTO, C. (org.). *I gruppi di parola per i figli di genitori separati*. Milano: Vita e Pensiero, 2010. p. 148.

## Diversos modos de expressão

É interessante notar, porém, que logo após a tristeza, os filhos escrevem sobre a necessidade de saber, de serem informados. Entre as histórias colhidas, alguns recordam as palavras; outros, o antes ou o depois; quem era maior lembra melhor dos detalhes. Com efeito, Marisa não recorda "se e o que me disseram sobre a separação deles, o momento em que aconteceria. Meus pais eram muito jovens. Não lembro tanto da família, de vivermos juntos, talvez porque eu era pequena; parece que havia sido sempre assim, que estivessem sempre separados. Tenho alguns *flashes*, mas de antes não me recordo muito, somente quando papai saiu de casa. Lembro que ele não estava onde morávamos. Creio que eles esconderam essas coisas e, de fato, não me lembro de grandes brigas, queriam me proteger e talvez discutissem quando eu não estava presente. Sempre achei que a separação fosse melhor que as brigas contínuas, pois nos permitia viver tranquilos. Acho que meus pais é que pensavam assim; eu não poderia elaborar uma ideia assim sozinha, era muito pequena. O bom é que mamãe e papai estavam comigo".

Sérgio, enquanto narra sua história, sente aflorar outras recordações: "Falando agora, me vêm algumas lembranças. No andar de baixo da nossa casa moravam meus avós paternos. Eles fizeram uma espécie de encontro entre os pais de meu pai e os de minha mãe. Eu estava no andar de cima e escutei tudo. Mais tarde, num dia em que estávamos os três na cozinha, me disseram que se separariam porque não se entendiam mais. Não disseram mais nada para explicar o que estava acontecendo. Eu não tive reações estranhas, não fiz birra. Uma vez chorei com uma tia, mas não creio ter tido outras reações. Eu sabia que meu pai saía com outra pessoa. Já alguns meses antes, após um almoço, meus pais começaram a me perguntar com quem eu gostaria de viver, caso se separassem. O tom era de brincadeira e competição, prometendo-me viagens ao redor do mundo; acho que a partir daquele momento comecei a compreender que havia uma possibilidade concreta de eles se separarem".

Os filhos também percebem pequenos detalhes, piadas. Os pais, talvez para protegerem-se, pensam que eles não sabem, não ouvem. Mandam as crianças para o quarto, mas elas ficam junto à porta e ouvem, porque também diz respeito à vida delas. Especialmente quando a dúvida se insinua, os filhos ouvem, se preocupam e guardam seus sentimentos. É mais fácil que falem com os amigos ou com outro adulto em quem confiam. Com frequência vão à psicopedagoga da escola, muito preocupados e abatidos, precisando partilhar um pouco do sofrimento com alguém disposto a ouvir e que os leve a sério.

Há separações mais dolorosas, quando os adultos têm problemas e a situação é muito conflituosa. Ricardo fala com dificuldade dessa experiência, tanto que ao, escutá-lo, me sinto mal por causar-lhe outra dor. "Minha mãe estava mal, chegou a pesar quarenta quilos. Meu pai era violento com ela. Não me lembro de como me contaram sobre a separação; certamente não foi juntos. Eu compreendi a coisa quando mamãe começou a procurar um apartamento. Minha maior preocupação era com quem eu iria morar." Samuel parece não lembrar se contaram a ele: "Esta é uma pergunta difícil. Não me lembro e não tenho certeza de que tenha acontecido".

Depois da primeira desorientação, para os filhos surgem as questões sobre o futuro mais imediato. Onde irão morar, o que acontecerá na vida deles. Responder a essas perguntas e autorizá-los a fazê-las é uma primeira forma de ajuda. É como se uma pessoa fosse obrigada a ir para outro país e sentisse necessidade de indicações, algum conselho para não se perder. "Quem fica e quem vai?" é uma das perguntas mais frequentes. "Onde vou morar? Vou poder ficar com as minhas coisas?" É mais difícil quando os filhos precisam mudar de casa, ir morar com os avós ou com outros cônjuges e seus respectivos filhos. Mudanças bruscas e falta de explicações causam desorientação. O que não é dito deixa espaços vazios que podem ser preenchidos com fantasias que agigantam ou negam o problema.

Júlia conta: "Quando meus pais se separaram eu tinha 12 anos. Eu não sabia muito bem o motivo. No início sabia apenas que eles não se entendiam mais; depois, conforme fui crescendo, me disseram que se casaram ainda jovens, mas depois amadureceram de maneiras diferentes. A personalidade deles havia mudado tanto que não conseguiam compreender um ao outro. Eu não conseguia perguntar além daquilo que me contaram, não queria criar problemas, especialmente para minha mãe, que era a pessoa em quem eu confiava. É verdade, aquilo dizia respeito a mim, mas, sobretudo, dizia respeito a eles. Talvez eu quisesse saber exatamente o que não ia bem e se por acaso os atritos entre eles eram causados não apenas por questões de personalidade, mas também por terem duas crianças de quem cuidar. Um dia mamãe me disse que papai ficaria uns dias fora, embora eu já tivesse compreendido. Um sábado pela manhã, enquanto estava no meu quarto, escutei-os discutir. Colocando-me diante do espelho, disse para mim mesma que deveria haver algum problema mais sério. Lembro-me de que tinha 12 anos e da cena do espelho, mas não sei onde estava quando me deram a notícia. Mamãe era quem falava; papai não disse nada na ocasião nem diz nada agora, talvez por seu temperamento fechado. Mesmo quando lhe disse que sairia de casa para morar com meu namorado e quando lhe falei do meu casamento, me respondeu com um simples "Sim, tudo bem". Não entendi se a notícia não lhe causava emoção, se era algo a que não dava muita importância ou se era o seu jeito de reagir. A única vez em que meu pai me falou da sua vida e das suas escolhas pessoais foi quando passou a viver com sua companheira. Lamento que tenha falado pouco da separação e da sua posição a respeito dessa decisão. Minha mãe muitas vezes o protegeu e justificou. Somente quando cresci e pude entender, escutei-a queixar-se dele quando estava nervosa. Ela sempre culpou a ambos. Acho que isso foi bom; vejo pais que vivem criticando-se mutuamente e não me parece que isso seja justo com os filhos. Eu não gostaria de ver meu pai de uma forma ruim: deixando as escolhas deles de lado, ele continuava sendo meu pai. A seu modo, ele tentou fazer o melhor para mim e para minha irmã, mesmo que às vezes não tenha conseguido. Todos podemos cometer erros, assim como nossos pais".

## Não aviltar a figura do outro

Os filhos têm necessidade de poder continuar amando a mãe e o pai. Isso não depende somente deles, mas também do modo como o casal lida com a separação, do quanto os pais evitam desacreditar-se mutuamente e de cada um sentir-se o único capaz de amar o filho. O que se discute aqui não é somente a afetividade, mas também o *éthos*, a responsabilidade dos adultos, que se devem perguntar de que adianta aos filhos enfrentar esse acontecimento tão difícil e inquietante.

Constanza Marzotto, no seu livro sobre os grupos de palavra, acentua a correlação positiva entre o bem-estar dos filhos e a manutenção dos relacionamentos com os genitores. É fundamental para o crescimento a continuidade dos elos e, portanto, a acessibilidade ao pai, à mãe e às respectivas famílias de origem. Bianca, de 13 anos, conta à psicopedagoga da escola: "O que me faz mais mal é que meu pai vai morar longe e eu não vou poder vê-lo sempre; nesses dias tenho muita vontade de chorar, mas não quero". Os filhos têm necessidade de poder manter uma boa imagem dos genitores; eles não podem ser tratados como adultos, não devem absorver a raiva alheia. Muitas vezes, porém, acontece que um dos dois genitores sobrecarrega os ombros do filho com as próprias raivas e frustrações. Outras vezes, ao contrário, há genitores atentos que protegem os filhos e não aviltam o ex-cônjuge. Quando adultos, os filhos agradecem esse tipo de atenção, pois sentem que foram auxiliados em um momento de per si muito difícil.

Lúcia lembra: "A crise tinha começado antes, mas quando os meus pais se separaram, eu tinha entre 14 e 15 anos. O mal-estar e o cansaço vinham de longe; a crise já existia quando eu tinha entre 5 e 6 anos. Um sofrimento que mamãe me confiava e que eu não conseguia compreender. Por certo, ser confidente de minha mãe ou de meu pai em alguns momentos me fazia me sentir grande, pois podia participar das coisas deles. Mas depois também ficava mal. Quanto à notícia da separação, aconteceu um fato estranho: meus pais sempre tiveram muita dificuldade em falar disso, porém me lembro bem de quando meu pai me contou. Era de tarde e ele me fez uma confidência. Eles jamais se divorciaram. Creio que tenha surgido daí a ideia de que os elos podem ser mantidos mesmo quando não se vive mais junto. Depois de adulta, houve outras confidências muito pesadas, mas, obviamente, eu era mais forte. Quando ele me contou da separação, tive a mesma sensação de quando mamãe me fazia as suas confidências. Por um lado me senti grande, porque meu pai estava me pedindo um parecer, mas por outro me sentia desprotegida.

Vivia uma espécie de ambivalência. Racionalmente, diria que eu tinha necessidade de mais clareza, porém depois dei valor à capacidade deles de manter aberta a relação, pois pude continuar considerando formas de reconciliação. Quando me tornei adulta, meu pai me explicou. Ele também nos garantiu não romper o elo de nós, filhos, com mamãe. No fundo, sempre esperei que voltassem a viver juntos. Há algo que nos ilude e nos deixa confusos. Pensando nas palavras que usaram para nos contar da separação, lembro-me de algumas versões, algumas racionalizações, mas não gostaria de fazer confusão. Era após o jantar, as palavras exatas eu não me recordo. Eu tive muito medo; entendia que não podiam continuar daquela forma, mas tinha muitas dúvidas sobre o cotidiano. Eu me perguntava o que devia fazer ou dizer; tinha medo da traição. Ninguém me perguntou como eu estava, então me calei. Pelo momento histórico e por nossas tradições, não se dizia nem se perguntava como nos sentíamos. Era difícil expressar emoções. Não por acaso, sempre fui a responsável por colocar as coisas para fora. Às vezes as coisas se acomodam, mas outras é preciso falar delas para organizá-las. Meu irmão, por exemplo, jamais falou algo e não creio que isso o tenha ajudado".

Todo filho e todo genitor têm uma estratégia própria para lidar com a notícia e com aquilo que acontece depois.

Depois da notícia, ainda que tenham sido usadas poucas palavras, ao filho se abre um mundo repleto de dúvidas, perguntas, inseguranças, pensamentos e emoções que necessitariam ser acolhidos. O que complica é que também para os pais se abre um mundo de incertezas e ambiguidades, que muitas vezes torna difícil manter um espaço mental para o filho. É bom, então, que alguém sirva de ouvinte para os pais; é bom que haja especialistas que guiem a reflexão sobre o que está acontecendo na família; é bom que os pais tenham condições de pedir ajuda, se sentirem que não conseguem lidar sozinhos com a situação.

## Lembre-se

- "Sempre achei que a separação fosse melhor que as brigas contínuas, pois nos permitia viver tranquilos."
- "Minha maior preocupação era com quem eu iria morar."
- "É bom, então, que alguém sirva de ouvinte para os pais; é bom que haja especialistas que guiem a reflexão sobre o que está acontecendo na família; é bom que os pais tenham condições de pedir ajuda, se sentirem que não conseguem lidar sozinhos com a situação."

# CAPÍTULO IV

# O TEMPO DA ESPERA

## Um tempo suspenso

"Às vezes eu queria ser outro."

"Boa! Mas certamente a frase não é sua."

"É verdade: é de Woody Allen, mas eu a tomo emprestada. Eu me sinto muito deslocado quando tenho de ficar esperando."

"Ah, Marco, não exagere, estou só dez minutos atrasada."

"Ah não, não tem nada a ver com você! Não me entenda mal. É que fico pensando que alguma coisa vai acontecer e que não posso fazer nada a não ser esperar."

"Não entendi... pode explicar melhor?"

"Veja, ontem conversamos e agora estamos aqui, na porta da casa da minha mãe, prontos para dar – como você definiu? – a 'grande notícia'..."

Sara a tinha chamado exatamente assim, um pouco por brincadeira, para diminuir o drama, um pouco porque percebia que Marco estava dando um passo importante, nada fácil, e o fazia por ela, por eles, pela vida que estavam construindo juntos.

"Então... desde ontem estou em suspenso!"

"Não me diga que está com medo da reação da sua mãe!?"

"Ao contrário, ela ficará feliz, tanto que agora eu estou mais tranquilo do que hoje de manhã e ainda mais do que ontem à tarde. O meu mal-estar tem a ver com lidar com essa espera. E não tem nada a ver com o que estamos fazendo; sempre foi assim, antes de uma consulta médica ou de uma prova na faculdade... mesmo antes de algo bom, aguardado como um presente. É justamente a ansiedade do tempo vazio, mas já determinado."

"Acho que entendo o que você diz, Marco. E acho que isso também tem a ver com as nossas histórias. Foi o que senti, quando meus pais disseram que iam se separar. Acho que todos os que passaram por esse tipo de experiência sentem isso. No começo é como um raio, um trauma, um incidente que nos faz em pedaços, mas depois – o que é muito pior – por algum tempo não acontece nada, e ao mesmo tempo nada é como antes. Voltamos da escola para casa e não temos vontade de contar como foi o dia; se sentimos vontade de contar uma bobagem à mesa, calamos porque não sabemos mais se sorrir é permitido ou conveniente, assim como quando morre alguém da família."

"E aí... ficamos observando nossos pais, como se esperássemos que não fosse verdade, que não tivéssemos entendido bem ou que o dia a dia sem surpresas fosse um sinal de recuperação. Pois, na verdade, imaginamos uma espécie de doença, uma enfermidade incompreensível, mas dolorosa, que contagiou nossos pais, a nós mesmos e a nossa família; e então, como se estivéssemos realmente diante de um problema de saúde, esperamos que passe logo e temos medo dos sintomas, temos medo que aconteça uma briga, temos vontade de bisbilhotar atrás das portas quando conversam na nossa ausência... e não sabemos bem quando e como acontecerá essa coisa que não entendemos bem, mas que tem um nome amargo: separação..."

"Para não falar dos conselhos piedosos, certamente com a intenção de aliviar o sofrimento. 'Você vai ver, vai ter duas casas, dois quartos e duas camas só para você'... Quando me falavam assim, minha preocupação era se eu poderia levar minha boneca comigo aonde fosse ou se deveria ter duas, uma para ficar na minha cama, onde sempre estava, e outra na tal casa nova. E eu não queria outra boneca, porque não sabia se ia gostar de duas bonecas... É meio engraçado, né?"

"Agora sim, mas na época era um problema real. Sobretudo porque eu não sabia com quem falar sobre as minhas ansiedades. Certamente não com o meu irmãozinho, muito pequeno, menos ainda com meus pais, que faziam de tudo para me fazer acreditar que estava tudo bem. Enfim, aquele momento ficou marcado em mim e volta com frequência, até na estação do metrô, quando conto os minutos até a chegada do trem, acredita?".

"Então, Marco, o que estamos esperando? Toque a campainha da sua mãe e vamos entrar!"

> Sara sabia ouvir, entender, mas também sabia concluir toda conversa com um sorriso. Marco tinha cada vez mais necessidade dela.

## Um vazio de gestos e explicações

O fim da vida conjugal não acontece de repente. Não acontece quando essa ideia amadurece e é assumida pelos cônjuges – mesmo que os filhos pensem assim, pelo que percebem – nem depois. Quando a decisão é tomada, definida e comunicada, em geral há um período de suspense, quiçá o mais delicado e difícil, que prenuncia as escolhas práticas e de organização.

Sérgio demonstra aqui uma espécie de mutação da sua personalidade: "Tenho dificuldade de recordar, lembro apenas de *flashes*: papai tinha ido morar onde trabalhava. A audiência para a separação estava marcada para janeiro, justamente no dia do meu aniversário. Não sei se fizeram de propósito... Nunca gostei e continuo não gostando de aniversários; e agora, pensando no assunto, acho que antes eu era um menino bastante aberto e depois me tornei muito fechado. Provavelmente tinha medo que as crianças percebessem que mamãe estava sozinha ou que papai estava com a sua namorada. Tinha medo do que os outros pensariam. Nos primeiros anos tinha vergonha de sair com papai e a namorada dele. A família de mamãe era muito católica e as opiniões contra papai, que tinha ido embora com outra, eram péssimas. Digo agora que estavam enganados. Quando criança, achava que mamãe tinha razão, depois papai, ou seja, era tudo complicado".

É curioso, mas Samuel, um dos entrevistados, nos contou, assim como Sara e Marco, da dificuldade em contar aos pais sobre a decisão de casar-se; parecia um tabu do qual não se deveria falar. "Quando tomei a decisão de me casar e contei separadamente aos meus pais, senti que, para eles, foi como detonar uma bomba. Isso para dar a medida do tabu que havia sobre o assunto e o quanto a minha decisão de casar, do ponto de vista deles, era errada. Afinal, o casamento deles havia falido por completo e não podia ser associado à felicidade. Minha mãe não se casou de novo; meu pai, sim, mas no momento em que lhe contei que ia me casar, ele perdeu a estabilidade. Convidei ambos, separadamente, para conhecer meus sogros antes do casamento. O encontro foi bom, ainda que emotivamente forte. No casamento, sentaram-se em mesas separadas. Um dos principais momentos foi o da foto de família. Alguém me fez notar que meus pais não se olharam nem se falaram durante toda a cerimônia. Eles ainda agem como se guardassem esqueletos no armário."

Já se passaram anos, mas a dificuldade de falar da separação é a mesma, sobretudo para os pais que escolheram não falar sobre o que sentiam. Os filhos muitas vezes seguem o próprio caminho, desviam-se de certos jogos relacionais e obrigam os pais, quiçá muitos anos depois, a rever sua história como casal. Isso não é fácil; há filhos que, para não serem envolvidos, precisam buscar ajuda e fazer terapia, que depois torna possível ir além e voltar a ter esperança em uma vida familiar própria. Ao casar-se, um filho de pais separados coloca em questão tudo o que seus pais viveram. Os filhos estão sempre em cena: quando lhes contam o que está acontecendo ou mesmo quando apenas observam os pais conversarem. No filme *Dias de abandono*, de Roberto Faenza, há um trecho no qual o marido, que tem uma amante, comunica à mulher a necessidade que sente de ficar um pouco sozinho, pois há alguma coisa dentro de si que está lhe fazendo mal. E é curioso o que o filho, que escuta escondido, depois conta ao irmão: "Papai saiu... talvez tenha ido ao hospital, porque tem alguma coisa dentro dele que está lhe fazendo mal". Os filhos escutam e interpretam, não somente no momento que lhes dão a notícia, mas também depois, por todo o período que se segue. Silvia Vegetti Finzi escreve: "Os filhos, especialmente os pequenos, são deixados o mais possível desinformados de tudo. 'Para o bem deles', se diz, 'para protegê-los do conflito', mas eles já estão no conflito e para ajudá-los devemos, antes de tudo, ser capazes de dizer-lhes o que está acontecendo e escutá-los".[1]

## Alguma coisa mudou

Ricardo fala da espera como uma fase de medo: "Minha maior preocupação era com quem eu ia morar. Estudava e

---

[1] VEGETTI FINZI, S. *Quando i genitori si dividono*. Milano: Mondadori, 2005. p. 4.

ao mesmo tempo também trabalhava com meu pai; assim, fui morar com ele, até os 23 anos, quando decidiu casar com uma mulher com quem eu não conseguia me entender e não me sentia à vontade. Então morei por três anos com minha mãe, cujo marido era mais afetuoso que ela. Depois fui morar sozinho. Sempre vi pouco minha mãe; eu tinha muita raiva dela, por ter ido embora mesmo sabendo que meu pai era um homem violento".

Às vezes, pode acontecer que os pais falem em separação e depois continuem juntos, como aconteceu com Lúcia: "A partir da noite em que me contaram da separação houve uma mudança, no sentido de que nos mudamos para uma casa nova e foi feita uma tentativa de consertar as coisas, portanto, aconteceu um fato novo".

Algumas vezes o tempo de espera é uma fase na qual os filhos procuram e criam explicações que suprem as que não foram dadas ou foram mal apresentadas pelos adultos. Marisa tem consciência disso e procura de alguma forma justificar-se: "Minha mãe engravidou aos 18 anos, ela e meu pai mal se conheciam. Obrigados a se casar pelas famílias, perceberam depois que não haviam sido feitos para ficarem juntos". Os filhos precisam de tempo para entender o que está acontecendo; muitas vezes os pais querem explicar tudo de uma vez, quase como se quisessem tirar um peso de cima de si mesmos; ao contrário, às vezes é preciso dar um tempo, esperar que a informação inicial seja digerida. Júlia precisou de tempo para entender: "Acho que compreendi um pouco mais tarde, depois do acontecido, talvez no momento em que precisei de papai para fazer um trabalho da escola. Sentia falta de estarmos todos juntos durante as festas. Era difícil para mim ser obrigada a dividir. Passava um domingo com meu pai e outro com minha mãe. Era preciso estar atenta para respeitar os turnos".

## Lembre-se

- "Quando criança, achava que mamãe tinha razão, depois papai, ou seja, era tudo complicado."
- "Os filhos precisam de tempo para entender o que está acontecendo; muitas vezes os pais querem explicar tudo de uma vez, quase como se quisessem tirar um peso de cima de si mesmos; ao contrário, às vezes é preciso dar um tempo, esperar que a informação inicial seja digerida."
- "Os filhos, especialmente os pequenos, são deixados o mais possível desinformados de tudo. 'Para o bem deles', se diz, 'para protegê-los do conflito', mas eles já estão no conflito e para ajudá-los devemos, antes de tudo, ser capazes de dizer-lhes o que está acontecendo e escutá-los."

# CAPÍTULO V

# A AUSÊNCIA DAQUELE QUE SE VAI

## Uma ocasião "especial"

"E então, o que achou? Não foi tão ruim, né?" pergunta o pai de Marco a Sara.

"Posso ser sincera?"

"Deve, por favor!"

"Foi um desastre! Tudo muito artificial, seguindo o roteiro: num momento parecia que estavam num palco, no outro num ringue. O tom, o volume, tudo forçado... e muito prolixos: vocês se atacaram mutuamente a noite toda."

"Isso é que é sinceridade!... Mas sei que você tem razão, e afinal eu lhe pedi. Acho que devo agradecer..."

"Não leve a mal. Não tem ideia de quanto Marco gosta do senhor."

"Não tínhamos combinado de nos chamarmos de você?"

"Vou tentar, mas por enquanto ainda não consigo."

"Você diz que Marco gosta de mim? Sim, também nisso acho que você tem razão... mas, sabe, é difícil saber o que Marco sente, o que ele pensa, nunca me disse..."

"E o senhor? Alguma vez disse aos seus filhos o quanto gosta deles, que continuou amando-os depois que saiu de casa?"

"Não foi fácil, não disse o bastante antes, até porque eram pequenos. Depois, me parecia forçado. Como poderia, naquela rotina tão pobre de confiança e de convivência a cada duas semanas?"

"Sempre se pode recuperar o tempo perdido. Aliás, agora será melhor ainda, mais intenso, como adultos: tente... Experimente!"

"Está bem, isso é melhor."

O jantar com o pai de Marco havia sido organizado por Sara, com aquela sua capacidade, toda especial, de fazer tudo parecer natural, espontâneo.

Um restaurante italiano longe do centro, tranquilo, discreto, as mesas bem separadas.

Ate o cardápio – comida caseira, bem cuidada – favorecia a conversa.

Marco, um pouco relutante, e Sara haviam concordado que contariam ao seu pai que iriam casar, mas, sobretudo, que o queriam presente no matrimônio. Essa era a parte mais difícil.

Muitos cumprimentos, tantas lembranças. Haviam vencido o temor de conversar, conversando até demais, um cedendo o turno ao outro a noite toda, relembrando histórias, fingindo alegria, até falando mais alto do que de costume.

Sara, naturalmente falante e calorosa, havia decidido deixá-los à vontade.

Entre ela e o pai de Marco – era difícil, mesmo que mentalmente, chamá-lo de "sogro" – havia uma simpatia natural. Afinal, como não adorar Sara, sempre luminosa e positiva? Não era só simpatia, mas também gratidão, afeto: era perceptível que sua presença fazia bem a Marco, ela o deixava mais seguro e equilibrado.

Em outra situação, não teria sido difícil para Sara virar o centro das atenções. Mas ela sabia do risco de Marco fugir daquilo que devia dizer a seu pai.

Aquele era o primeiro momento da noite em que ficou face a face com o pai de Marco, quando este se levantou para ir pagar a conta.

"Deixe, Marco, eu pago: é um dever dos mais velhos."

"Nem pensar!", cortou ele. "Você é nosso convidado, é uma ocasião especial!"

Marco levantou-se e foi até o caixa, pela primeira vez em sua vida adulta diante do pai. Assim, nesse intervalo quase inesperado, ele desabafou: "E então, o que achou? Não foi tão ruim, né?".

Sara foi sincera, como sempre.

Voltando para casa, enfrentou logo a melancolia que percebeu aflorar no semblante de Marco.

"Eu sei o que está pensando: foi a mesma coisa com o meu pai. Eu me esforcei por alguns anos, não poucos, mas agora acho que para ele também não deve ter sido fácil."

"É como se, ao deixar o papel de marido, também tivesse deixado o de pai. O que tínhamos a ver com as falhas deles? Com minha mãe foi diferente, ela era sempre presente, mas ele... Sim, nós nos encontrávamos, nunca nos deixou faltar nada... nada de necessário, quero dizer, mas faltou o essencial."

"Não pode culpá-lo."

"Não é isso. Sabe, guardo na memória o momento exato em que percebi que ele foi embora. Uma noite de sábado, depois que eu e meu irmão voltamos da tarde passada na casa da minha tia, talvez justamente para evitar a visão das malas e da partida. Ao chegarmos em casa, percebi um vazio e tive a nítida sensação de que seria sempre assim a partir daquele momento. Não me lembro se minha mãe nos deu alguma explicação; lembro-me da cadeira vazia na mesa, do armário sem as suas gravatas e sem o cheiro dos casacos, da prateleira, onde ficava sua mochila e os apetrechos de pesca, subitamente vazia com apenas algumas caixas, da cama na qual não tinha mais vontade de subir no domingo de manhã... Para um menino, esses detalhes eram pior do que um adeus!"

## Ir embora não é deixar de exercer seu papel

Nas nossas conversas, notamos que há um momento comum a todos os testemunhos: em toda história, seja naquelas vivenciadas com sofrimento e dor, seja naquelas conduzidas com bom senso e equilíbrio, quer tenham deixado cicatrizes, quer tenham sido consideradas uma libertação, a ocasião mais difícil é a da partida. No suceder da mudança, a separação assume uma conotação física evidente, inevitável.

Sérgio não tem uma lembrança detalhadas, mas sim uma sensação, uma espécie de paladar amargo: "Fiquei um tempo na casa onde já morávamos e depois mudamos para a casa dos meus avós. Meu pai logo foi viver com a sua atual mulher". Samuel também não tem boas lembranças: "Voltam à minha mente as brigas e a cena de meu pai indo embora, batendo a porta. Acho que notei a ausência de meu pai por volta dos meus 7 anos, mesmo que depois ele tenha voltado por pouco tempo. Acho que foi assim".

Júlia se lembra das mudanças na rotina, daquele ir e vir que a chateava: "Havia dias que estávamos com meu pai; tínhamos que arrumar a mochila, porque ele vinha nos buscar. Convivíamos pouco. Não me ressenti disso, porque, na verdade, já antes da separação eu fazia a maioria das coisas com minha mãe".

Para os filhos, aquele que se vai leva consigo um sonho: o da família unida. É a confirmação daquilo que talvez lhe tenha sido dito antes, mesmo que no fundo tivessem esperança de que os pais ficassem juntos. No livro de Costanza Marzotto sobre os grupos de palavra lemos: "Em muitas cartas é recorrente a fantasia que as crianças expressam em muitas ocasiões com relação à reconciliação dos pais. Como na carta em que um menino, depois de expressar a esperança de felicidade por seu pai com a nova esposa e a disponibilidade de imaginar uma nova vida, pergunta: 'Mamãe, por que não volta para o papai? Um dia vão ficar juntos de novo? Eu queria muito...'. E lemos ainda: 'Seria bom ver vocês juntos de novo, mesmo sabendo que não depende de nós'".[1]

Se a situação é muito conflituosa, porém, o filho consegue até enxergar algo de positivo, sobretudo se for possível manter o relacionamento com ambos e com as respectivas famílias. As emoções, no entanto, também se fazem presente quando os pais, talvez para se protegerem um pouco, dizem que o filho reagiu bem e está tranquilo.

Não são muito diferentes os sentimentos de Ricardo, ainda que no seu caso tenha sido a mãe a sair de casa: "Lembro-me das empregadas que se sucediam. Nunca tive um relacionamento muito intenso com minha mãe. Ela lavava e passava as minhas roupas, telefonava de vez em quando ou ia me ver jogar futebol. Relacionava-se comigo de modo distante. Eu a via pouco e ela sempre falava mal de meu pai. Essa forma de desacreditá-lo me dava mais raiva, ainda que provavelmente fosse tudo verdade. Meu pai nunca falou mal dela".

Também no caso de Lúcia a mãe é que foi embora: "Dois anos depois, minha mãe foi embora e eu fiquei com meu pai. Foi a escolha que eu teria feito; ainda bem que eles entraram em acordo. Ao tornar-me adulta, compreendi a dificuldade de minha mãe – uma mulher – deixar casa e filhos. Meu irmão ainda a culpa. Ela podia vir à casa de meu pai, nossa casa, quando quisesse. No entanto, era ela que não tinha vontade de vir e, se vinha, ia logo embora.

---
[1] MARZOTTO, C. (org.). *I gruppi di parola per i figli di genitori separati*, p. 152.

A casa onde ela morava era a casa dela e não a minha. Isso para mim estava bem definido. Com a separação, tudo ficou um pouco chato, mas eu tinha o meu espaço, e sem a minha mãe eu tinha mais liberdade, porque ela era um pouco opressiva".

## Novos espaços de vida

Marisa nos deu um quadro menos amargo, porque ela mesma admite que a crise matrimonial de seus pais não foi uma experiência dramática. No seu caso, o pai é que saiu de casa, para ir morar com a mãe dele, mas a relação entre os dois se manteve constante: "Eu podia vê-lo quando quisesse, ele também; não houve necessidade de acordos judiciais; não havia um dia estabelecido; eu era livre para fazer o que quisesse. Durante a adolescência fiquei muito tempo com meu pai, porque minha mãe viajava a trabalho e com isso eu pude continuar na mesma escola e conviver com meus amigos. Continuar na escola também era importante para meus pais. Quando entrei na faculdade, mudei para outra cidade, onde morei por cinco anos; durante os fins de semana eu ficava um dia com minha mãe e um dia com meu pai, para poder rever meus amigos que, para mim, durante a adolescência, faziam parte da família. Não sofri muito; às vezes sentia saudade de minha mãe, mas era bastante tranquilo. Acho que foi bom que não tivessem imposto regras, que não me obrigassem a um esquema rígido para estar com eles".

Ou seja, uma situação não frequente, mas certamente favorável, a menos traumática para um filho, principalmente no período da adolescência. Samuel conta: "Eu ficava com meu pai um final de semana sim, outro não, e com ele passávamos as férias".

Também nessa fase tão delicada a atitude dos pais faz a diferença. É importante que antes de comunicar a decisão estejam certos dela. Às vezes um cônjuge vai embora, depois volta e, em seguida, se vai de novo. Para os filhos, isso é muito difícil; correm o risco de perder o parco equilíbrio conseguido diante de uma situação difícil de entender. Ficar, ir embora ou voltar são aspectos importantes que devem ser decididos em conjunto, reelaborados e podem exigir a participação de um mediador familiar.[2]

## Lembre-se

- "Para os filhos, aquele que se vai leva consigo um sonho: o da família unida; é a confirmação daquilo que talvez lhe tenha sido dito antes, mesmo que no fundo tivessem esperança de que os pais ficassem juntos."

---

[2] Segundo o Conselho Nacional de Justiça (CNJ), a mediação de família pode ser definida como um processo autocompositivo segundo o qual as partes em disputa são auxiliadas por um terceiro neutro ao conflito, ou um painel de pessoas, sem interesse na causa, para auxiliá-las a chegar a uma composição dentro de conflitos característicos de dinâmicas familiares e, assim, estabilizarem, de forma mais eficiente, um sistema familiar. A mediação de família tem como objetivos o estímulo às partes para que estas tenham mais estabilidade familiar e em razão disto: a) reduzir antagonismos e agregar estabilização emocional; b) aumentar a satisfação com procedimentos jurídicos e seus resultados; e c) aumentar o índice de cumprimento de decisões judiciais. A mediação de família pode ser aplicada em contextos relacionados a divórcio, alimentos, guarda, modelos familiares e outros.

- "Quando entrei na faculdade, mudei para outra cidade, onde morei por cinco anos; durante os fins de semana eu ficava um dia com minha mãe e um dia com meu pai, para poder rever meus amigos que, para mim, durante a adolescência, faziam parte da família."
- "Dois anos depois, minha mãe foi embora e eu fiquei com meu pai. Foi a escolha que eu teria feito; ainda bem que eles entraram em acordo."

# CAPÍTULO VI

## REORGANIZAR O COTIDIANO: ESCOLA, CONVIVÊNCIA FAMILIAR, FESTAS, FÉRIAS

### Tim-tim...

"Estou muito feliz por vocês... Agora que me pediu, posso confessar: eu estava esperando, mas também estava com medo de não me chamarem!"

Tinham se abraçado impulsivamente, rindo, como muitas vezes Sara e Giulia, amigas inseparáveis, faziam: a quem mais poderia escolher para ser sua madrinha?

Também o lugar sugerido por Sara para encontrá-la não podia ser outro: "Giulia, tenho uma coisa importante para conversar com você. Vamos tomar um café no Jolly?" – a pequena cafeteria em frente à escola que haviam frequentado juntas. Quantos cafés repassando as lições de latim, quanto tempo naquelas mesinhas falando das novas paqueras, quantos sábados combinando os programas do fim de semana!

Sempre fazendo tudo juntas, Sara e Giulia, Giulia e Sara, para os colegas de classe eram como irmãs siamesas.

"Acho que muitas vezes fui convidada para festas porque você estaria lá, Sara. Todos sabiam que eu não iria a lugar nenhum sem você nem você sem mim."

"Que disparate, Giulia: sua companhia era imprescindível, você é uma verdadeira líder. Para não falar nas suas traduções do grego: graças a elas, sobrevivemos por cinco anos."

"Sim, mas você irradia alegria, companheirismo e, acima de tudo, tem um olhar positivo sobre qualquer coisa."

Nem todas essas coisas tinham sido propriamente ditas. Algumas tinham sido pensadas, num caleidoscópio de recordações que girava diante das duas, agora que se encontravam em um momento tão decisivo de suas vidas. Ou melhor, da vida de Sara, que, no entanto, também refletia um pouco na vida de Giulia.

Tantos anos, tantos acontecimentos, tantos sentimentos em comum, lado a lado. Colegas desde o Ensino Fundamental e, depois, as férias, as confidências, os bons momentos e também aqueles nem tanto, sempre compartilhados.

"Não sei como faz, Sara, para ser sempre assim, luminosa, otimista. Lembra quando estávamos no quinto ano e você me contou em segredo: "Meus pais vão se separar"? Eu chorei por você. Mas você sempre foi determinada, sempre teve um jeito especial, contagiante."

"Tenho boas recordações da minha infância e da adolescência. É verdade que não foi fácil aceitar a separação dos meus pais, mas não tenho a sensação de uma dor contínua, como aconteceu com Marco, como ele me contou há algumas semanas. Houve momentos nos quais os detalhes do cotidiano reforçavam minha situação e então sofria de um modo que nunca soube expressar, nem a você, a quem contava tudo. Sei lá... A apresentação de fim de ano na escola, quando os pais e mães de todo mundo estavam lá para assistir e os meus não. Ou as férias, quando eu viajava com você e seus pais e também com seus primos e seus tios, e me sentia meio fora de lugar, suspensa no vazio..."

"Com licença, o café..."

"Então, Sara, tim-tim!, a você e a Marco."

"... E à nossa amizade!"

## Quando a separação se torna o cotidiano

Quando a separação é confirmada, resta a vida cotidiana à espera dos filhos e dos pais. Marisa, a mais jovem dos entrevistados e a que tem lembranças mais positivas, narra: "Meus pais sempre viveram para mim. Lembro-me da Primeira Eucaristia, quando nós três festejamos com meus padrinhos de Batismo e ninguém mais. Partilhávamos sempre os acontecimentos. Ainda hoje passamos o Natal juntos; talvez porque meus pais não tenham formado novas famílias. No aniversário de minha mãe, minha avó paterna me dava dinheiro para comprar o presente, o que me deixava muito feliz. Certa vez, com a ajuda de minha avó, consegui comprar uma pequena escultura, o que me deixou muito orgulhosa".

Quando é possível manter uma boa relação com os pais, quando os avós não se metem na relação, os filhos têm a possibilidade de desfrutar o lado positivo da mudança imposta pela separação. É também uma lição de vida para as futuras dificuldades que uma pessoa pode vir a enfrentar. Se na mudança os elos familiares são mantidos, restam as boas lembranças, permanece a possibilidade de conversar e partilhar alguns momentos, existe esperança e confiança em si mesmo e nos outros. Por outro lado, isso não é possível quando o conflito continua durante anos como no primeiro dia. A separação não é um acontecimento diferente dos demais, contam muito as características pessoais, os problemas vividos, a história familiar. Para dois de nossos entrevistados, o casamento deles fez renascer os antigos conflitos. Sérgio conta: "Para nós, o próprio casamento foi difícil. Depois de trinta anos, minha mãe não queria que convidássemos a esposa de meu pai. Então eu e minha mulher dissemos a ela que fizesse o que achasse melhor, não nos importaríamos. Quando fiz a Primeira Eucaristia eles ainda estavam juntos. Na Crisma fui com meu pai e minha mãe a um restaurante. Não que eu fizesse questão. Fomos a um lugar que costuma receber grandes grupos, mas estávamos somente nós três. Depois, nas diversas festas, se meu pai ia, meus avós maternos não iam e vice-versa. Eu passava o Natal com meu pai e a Páscoa com minha mãe. Quando cresci, a situação melhorou. Os piores anos foram os do Ensino Fundamental, até os 12 ou 13 anos; eu não aceitava que meu pai tivesse outra mulher. Lembro que, quando passava de carro pela casa dele, eu me abaixava no banco porque ficava incomodado, sentia vergonha. Para mim era uma coisa muito estranha".

Os conflitos negados criam dissabores e permanecem na memória e na história familiar.

Daniel Novara, do Centro Psicopedagógico para a Paz, de Piacenza, afirma que evitar a gestão do conflito cria problemas de saúde, enquanto a sua administração faz nascer algo novo, as feridas saram e é possível seguir em frente.[1] Das narrações dos nossos protagonistas, nota-se como é bom para as crianças poder viver os momentos especiais com ambos os pais, quando eles conseguem manter uma relação tranquila. Júlia conta: "Na minha Crisma, ou talvez na Primeira Eucaristia da minha irmã, fiquei feliz por terem desistido de um almoço com todos os parentes para estarmos apenas nós quatro juntos: eu, minha irmã, minha mãe e meu pai. Era o suficiente para virar uma festa. Nunca mais viajamos nas férias depois que meus pais se separaram. Somente três dias nas montanhas com meu pai, no ano da separação, e no ano seguinte com minha mãe, que nos levou a uma colônia de férias onde havia muitas famílias. Foi bom porque, mesmo com a ausência de meu pai, havia outras pessoas por perto. E também porque eu, que tinha dificuldades em fazer amizade, conheci muitas pessoas que me aceitavam. É realmente uma bela lembrança".

---

[1] Cf. NAVARRA, D. Anotações do curso *I tasti dolenti del conflitto*. Camogli, 2009.

A história de Lúcia se parece com a de Júlia. "Sempre passamos as festas juntos. Mesmo nesses momentos se percebe que meus pais não se dão bem. Mas tanto para o meu pai quanto para mim é importante conseguirmos ainda ficar todos juntos. Às vezes minha mãe dizia que não viria, talvez por alguma 'paranoia'. Meus pais não se casaram novamente; os elos permaneceram no interior da família. Apesar dos erros deles, sempre conseguiram manter uma boa relação, mesmo que, do ponto de vista da personalidade, sejam incompatíveis. Isso me levou a entender que os elos familiares são indissolúveis."

É comovente como nas situações de dificuldade os filhos buscam o essencial. Não lhes interessa uma festa com um monte de gente e muitos presentes, e sim estar com os pais. É bom que os pais confirmem que permanecem unidos, mesmo que não estejam mais juntos, que ainda amam os filhos e que podem encontrar, como ex-casal, uma forma diferente de convivência. Também emerge dos relatos a ajuda que famílias próximas oferecem não apenas aos pais que se reorganizam, mas também aos filhos, que, assim, podem viver outras experiências de relacionamento e convivência.

## Quando a conflituosidade permanece alta

Quando, ao invés, o conflito ainda é grande, a reorganização pode exigir uma divisão mais rígida de espaços do que uma colaboração, como narra Ricardo: "Ainda antes da separação, minha mãe odiava meus avós paternos. Eu os via muito pouco. Sempre vivi em meio a brigas, tanto que já previa a separação. Acho que é difícil para um filho aceitar a separação dos pais, mas é ainda mais difícil tolerar que depois dessa escolha eles continuem a brigar. Eu jamais acreditei que, depois da separação, a relação pudesse melhorar, porque na base de tudo faltava o diálogo".

A alta conflituosidade faz surgir desilusão, tristeza e raiva no filho. Quanta energia ele precisará aplicar para controlar essas emoções, arriscando ter dificuldades em lidar com as suas escolhas e manter seus compromissos, como a escola, o trabalho ou a própria vida sentimental.

Se na reorganização não é preciso reafirmar o tempo todo os acordos já feitos, para o filho esse também pode ser um período de tranquilidade, como narra Samuel: "O período foi tranquilo. Nunca houve grandes altercações por eu querer ver meu pai e isso favoreceu certo clima de paz. Mas, quando ia à casa de meu pai, eu ficava muito quieto, não existia nenhuma comunicação entre nós. Eu me sentia deslocado quando estava com ele e ele dizia que era difícil dialogar comigo. Foram anos de completo isolamento de minha parte. Saíamos para jantar, íamos ao cinema, viajávamos nas férias com meu irmão. Eu até gostava de ir à casa dele, mas queria falar sobre a separação e isso era impossível".

Quanto vale o poder falar, poder dizer como estão as coisas, não somente no momento da separação, mas também no dia a dia, conforme elas acontecem? É paradoxal, mas são justamente os adultos que têm mais dificuldade nesse ponto, sobretudo se receberam uma educação que não lhes permitia verbalizar as emoções. Então pode acontecer o que narra Clara: "Após tantas brigas entre meus pais, um dia abri a porta e saí correndo, tentando escapar de tanta negatividade; depois voltei para casa e gritei: 'Vocês não têm vergonha do que estão fazendo!?'".[2] Um filho não deveria jamais fazer o papel dos pais; é uma carga muito pesada e ele arrisca não conseguir viver a própria infância ou adolescência. Pode ser que os pais não percebam, por isso é bom ter alguém que lhes faça notar, não para culpar quem age dessa forma, mas para que pensem em diferentes estratégias.

Os adultos precisam ter autoconhecimento, saber como e o que transmitem aos filhos. Em mediação familiar se pede ao casal que faça uma lista de necessidades do filho. Isso os ajuda a distanciarem-se do tema do desacordo conjugal para tentar se colocar no lugar do filho ou, ao menos, para pensar no que ele pode estar precisando.

## Lembre-se

- Quando é possível manter uma boa relação com os pais, quando os avós não se metem na relação, os filhos têm a possibilidade de desfrutar o lado positivo da mudança imposta pela separação.

---

[2] BOMBARDIERI, M. *Come faccio ad essere un bravo genitore?* Viaggiando si impara. 5. ed. Milano: Paoline, 2009. p. 30.

- Os conflitos negados criam dissabores e permanecem na memória e na história familiar.

- Quanto vale o poder falar, poder dizer como estão as coisas, não somente no momento da separação, mas também no dia a dia, conforme elas acontecem?

# CAPÍTULO VII

# SER PAIS, NÃO OBSTANTE OS ESTILOS EDUCATIVOS, OS CONFLITOS, AS ESCOLHAS A FAZER

## Uma gargalhada de criança

"Você nunca sonha com o meu pai?"

"Às vezes, sim. Por que pergunta?", responde a mãe de Sara.

"Eu sonhei com ele esta noite... foi cômico."

"Cômico? Por quê?"

"A situação era cômica... ao menos insólita. Eu tinha ido comprar um vestido de noiva – elegante, branco e vaporoso, com uma cauda enorme – e o encontrei na loja, e ele era o vendedor!"

"Você, de vestido branco com cauda!? Mas você não disse que queria casar de calça jeans? Desde menina você repete isso."

"Maneira de dizer. Não tem nada a ver. Era um sonho. E depois, nem mesmo o lugar em que eu estava era uma loja de verdade. Sabe o que parecia? A aula inaugural da minha escola no Ensino Médio. Enfim, papai estava lá, muito feliz em me ver, e me mostrava vários modelos de vestido, subia e descia uma escada e abria uma caixa depois da outra, divertia-se e me olhava experimentar todos aqueles vestidos que se acumulavam sobre o balcão, formando uma montanha branca de tule, uma nuvem de algodão-doce. E o curioso é que tudo parecia normal, eu não estava nada surpresa. Acordei me sentindo leve, percebi que estava sorrindo... E você? Como são os sonhos que tem com o papai?"

"Agora você me fez pensar... Em meus sonhos ele geralmente está rindo, não sempre, mas na maioria das vezes é assim: ele ri, como se realmente estivesse se divertindo, e eu com ele. Não saberia dizer o que acontece ou onde estamos, talvez as situações sejam diferentes, o que me lembro é da sua risada sonora, forte, da gargalha a plenos pulmões. É muito estranho, pois eu e seu pai não tivemos tantas ocasiões para rir daquela forma quando estávamos juntos."

"Eu imagino..."

"Não, não me refiro às nossas brigas; não foi só isso que vivemos: eu e seu pai tivemos momentos maravilhosos, quando nos conhecemos, quando nos casamos e, depois, quando vocês nasceram... as férias juntos, as noites de Natal... Mas também depois, alguns anos após a separação, reconstruímos um relacionamento muito bom, sereno, maduro. Aprendemos a conversar, passamos belas noitadas juntos, nos encontrávamos para resolver questões práticas sobre a casa, os estudos de vocês... e falávamos de nós, já sem a raiva de antes. Mas nunca ríamos ou gargalhávamos assim, de doer a barriga: isso só acontece nos sonhos. Vai ver que deveríamos ter nos soltado um pouco mais, assim teria sido melhor... ou talvez fosse tudo igual..."

"Sabe, uma vez eu o vi rir assim, durante a apresentação da minha escola de dança. Eu tinha, sei lá, uns 9 ou 10 anos. Naquela vez ele estava e você não. Nós estávamos emocionadíssimos – você pode imaginar – e, tanto no palco quanto na plateia, pais e avós se encontravam mais tensos que nós. Abre-se a cortina e a professora vai para o centro do palco, para apresentar o espetáculo. Ela tropeça, leva um tombo e arrasta o cenário com ela, que desmorona em uma montanha de cetim e papel machê, um horror. Gelo. Os espectadores mudos, constrangidos. Nós a olhávamos e não sabíamos o que fazer, como reagir. No silêncio, explode a gargalhada de papai, uma risada forte e divertida como a de uma criança. E não para: quanto mais a professora se enrola, incapaz de se levantar, mais ele ri, sem malícia, incontrolável. A sua risada contagia primeiro a nós, crianças, um sorrisinho aqui outro ali, até que ninguém no teatro consegue mais segurar: uma risada libertadora resolve a situação. Cinco minutos depois, com o cenário reerguido de qualquer jeito, a apresentação é retomada e corre tudo bem. Eu me senti – como dizer – orgulhosa do papai, o único adulto capaz de agir um pouco como criança. Acho que foi um dos momentos em que mais senti que o amava..."

## Aquele porém que faz a diferença

Filho se nasce, pai se torna. É óbvio. Também cônjuge se torna, mas não é uma situação imutável; ao contrário, filho e pai, sim, são para sempre, independentemente dos acontecimentos e dos revezes da vida.

Pais, não somente por responsabilidade e papel social, mas, sobretudo por uma questão de consciência interior, se continua a ser mesmo quando separados. Quiçá com alguma dificuldade a mais, incluindo a de fazer os filhos entenderem a situação.

Sérgio, por exemplo, nega que seus pais tenham partilhado ao menos essa função, após a separação. Quando perguntado se tiveram um estilo educativo comum, responde sem meias-palavras: "Meus pais deixaram de se falar por pelo menos dois ou três anos. Quando o faziam, era para insultarem-se. Meu pai me entregava o dinheiro e me deixava diante do portão. Quando se falavam era para criticar por ele ter atrasado meia hora para me trazer de volta. Era principalmente minha mãe que, tendo sido abandonada, usava a questão dos atrasos e do dinheiro para brigar com ele. Porém, embora não se falassem, não criticavam o estilo de educação um do outro. Eu jamais lhes disse para parar com aquilo, porque não queria criar outros problemas além dos que já existiam. Talvez tenha chorado de vez em quando, mas jamais fiz uma alusão direta às brigas. Lembro que no Ensino Fundamental fiz um trabalho no qual falava da separação dos meus pais. Foi o clássico tema (talvez agora não se faça mais) 'Um domingo com a sua família' que fez surgir o tema da separação, ainda que não lembre bem o que escrevi na ocasião. No passado eram poucos os pais que se separavam, que conseguiam fazer algo do gênero. Eu sempre procurei ajudar minha mãe. Nas tardes de sábado fazíamos as tarefas da casa, íamos ao supermercado e se ela saía eu ficava em casa sozinho. Meu pai tomava cuidado para não falar mal de minha mãe, que, por sua vez, vivia aborrecida. Ele, tirando o fato de ter ido embora com outra mulher, era bastante correto. Aliás, talvez tenha sido bom até demais, enquanto era constantemente ofendido pela outra parte. Nunca falo dessas coisas; é estranho falar agora. Quando se separaram, não me senti bem mas também não fiquei mal, pois, por causa das brigas deles, era difícil estar em casa. Não lhes perguntei por que se separaram; eu já sabia o motivo. Na realidade, não me lembro tanto das brigas de antes da separação, mas sim das de após. Agora que estou falando, lembro de certa vez em que minha mãe foi para a casa de uma amiga, porque meu pai tinha saído sozinho".

Também Ricardo nega uma colaboração educativa de seus pais após a separação. "Depois da separação, não se questionavam sobre minha educação. O que mais me incomodava é que não apenas não falavam de mim como nem sequer se dirigiam mais a palavra." Enquanto vai se abrindo, aos poucos, emerge nele um sentimento de raiva ainda forte e presente, mesmo depois de tanto tempo; um sentimento que incide sobre a relação atual, que não é boa, ainda conflitante.

Conversar não é fácil quando se é separado, porque não há mais comunicação, não há mais entendimento, justamente como pensa Júlia: "No início acho que a colaboração não era boa. Discutiam com frequência, principalmente quando meu pai vinha me buscar. Não se falavam por causa da raiva que meu pai tinha de minha mãe, que havia tido a coragem de dizer que algo não ia bem. Nos primeiros anos discutiram bastante, mas depois, pouco a pouco, voltaram a se falar; meu pai começou a subir em casa, mesmo quando o marido de minha mãe estava lá. Foi uma coisa gradual. Eu gostava, porque percebia uma serenidade maior entre eles. Quando os pais estão com raiva, também os filhos se ressentem; quando se falam, todos ficam bem".

## Ser pai e mãe mesmo quando não se é mais casal

Como em todas as relações, se existe um bom motivo, pode-se tentar superar as adversidades e aprender uma nova forma de ser pai e mãe sem abdicar de si mesmos. Assim, não obstante as dificuldades e a desilusão, os filhos se sentem bem por saber que ainda têm pai e mãe. Não por acaso Ricardo oferece um conselho, análogo ao de Sérgio, aos pais que estejam se separando: "Procurem manter uma relação, um diálogo entre vocês e, sobretudo, com as crianças. Tentem deixar de lado toda a raiva... e, se não conseguirem, ao menos tentem proteger seus filhos".

A colaboração e o diálogo são elementos que dão segurança aos filhos em um momento no qual vivenciam um acontecimento que gera dor, confusão e dúvida. Diante da separação dos pais, o fato de entreverem uma possibilidade de acordo é algo que ajuda e dá apoio, mesmo que possa favorecer a fantasia de uma chance de reconciliação. Como narra Lúcia: "Os elos entre meus pais jamais foram rompidos. Eu sempre tive esperança que um dia eles voltassem a viver em paz; ainda hoje, mesmo sabendo que não há como acontecer, não consigo vê-los separados, porque estão juntos nesta jornada familiar".

Também para Samuel, ao menos no plano formal havia colaboração entre ambos: "Sim, eles colaboravam um com o outro. Aos 14 anos senti nascer uma pequena paixão pela música, e eles decidiram me dar um piano. Foi uma decisão que tomaram juntos, pois o piano era muito caro. A colaboração entre meus pais existia porque a separação foi pacífica. Acho, porém, que houve muita desinformação sobre os riscos, os efeitos, a delicadeza da coisa. Por certo, eles se empenharam em não brigar, mas sem a capacidade e a sensibilidade emocional de entender que a ruptura era grave. Não conseguiam imaginar como nos sentíamos".

Dentro do filho há um ideal de família que é difícil abandonar, mas, se os pais reduzirem a conflituosidade, podem tornar o luto pela perda mais suportável. Contudo, os adultos nem sempre conseguem realizar essa passagem. Separam-se da mesma forma que estavam juntos, com base nas próprias características e na própria história pessoal e familiar. O problema é a responsabilidade paternal, que permanece sempre e em qualquer situação, e muitas vezes se transforma num nó meio encoberto, não de todo declarado e enfrentado, e tanto isso é verdade que os filhos nem sempre conseguem visualizá-lo, ao recordar o que viveram. A experiência de Júlia é bastante frequente: "Não saberia dizer se conversavam e partilhavam as decisões relativas à minha educação. Talvez na escolha do curso superior. As decisões mais importantes foram tomadas por minha mãe. Falavam-se quando eu pedia para ir a algum lugar; porém, eu era bastante tranquila e atenta às regras e não lhes criava problemas".

Nem sempre é assim. Marisa tem uma lembrança menos dolorosa, até mesmo terna, e expressa compreensão por seus pais: "Eu era uma menina tranquila. Dificilmente precisavam chamar minha atenção. Durante a adolescência minha mãe era mais severa que meu pai, mas não houve problemas por isso, também porque eu tomava cuidado para não perder sua confiança: se lhe dizia que ia a um lugar em determinada hora, assim acontecia. Mas meus pais não eram muito rígidos. Conversavam muito entre si. Acho que foi difícil no início, os primeiros momentos foram meio tempestuosos, mas depois procuraram manter um bom relacionamento por minha causa. Meus pais tiveram outros parceiros, mas não formaram outra família. Agora que estão com 50 e 52 anos, apreciam ainda mais a sua autonomia".

Há uma palavra alemã, *dasein*, extraída da pedagogia fenomenológico-existencial,[1] a qual significa "ser/estar presente" com toda a força e motivação. Também com

---
[1] Cf. IORI, V. *Essere per l'educazione*. Firenze: La Nuova Italia, 1988. p.129.

relação à separação, é importante ser presente, não deixar de exercer a função educativa da qual os filhos têm necessidade para crescer e para não se perder.

A mediadora Ilaria Marchetti pontualiza as necessidades dos filhos quando passam pela separação dos pais: permanecerem filhos, serem protegidos do conflito familiar, serem tranquilizados, libertarem-se do sentimento de culpa, poderem exprimir as próprias emoções, diferenciarem as próprias necessidades e as de seus pais, continuarem convivendo com familiares paternos e maternos, poderem amar e serem amados pelo pai e pela mãe. Os pais também têm necessidade de ajuda, de não se sentirem sozinhos, de se sentirem suficientemente bons, de compreenderem as próprias emoções, de libertarem-se dos sentimentos de culpa. Quando a pessoa está tranquila, ela consegue transmitir tranquilidade aos próprios filhos.

## Lembre-se

- "Acho que foi difícil no início, os primeiros momentos foram meio tempestuosos, mas depois procuraram manter um bom relacionamento por minha causa."
- Filho se nasce, pai se torna. É óbvio. Também cônjuge se torna, mas não é uma situação imutável; ao contrário, filho e pai, sim, são para sempre, independentemente dos acontecimentos e dos revezes da vida.
- "Quando os pais estão com raiva, também os filhos se ressentem; quando se falam, todos ficam bem."

# CAPÍTULO VIII

# REFAZER OS RELACIONAMENTOS COM PARENTES E AMIGOS

## Elos

Dez amigos escolhidos. Bom ritmo, algumas piadas, vinte braços, vinte e quatro com os dos dois, Marco e Sara. Em uma tarde encheram a casa nova de caixas, livros de Sara, discos e CD's de Marco, roupas e alguns móveis, recordações e objetos em torno dos quais amarrar a linha do tempo. O bicho de pelúcia que acompanhava Sara desde o tempo do Ensino Médio, o pôster da Praça da Paz Celestial. Marco era muito pequeno para lembrar-se dele, mas o manifestante desconhecido, "o homem do tanque", era o seu ídolo, e a foto estava sempre na parede de seu quarto. Eis os amigos deles. Os que haviam atravessado com eles a adolescência e com os quais podiam contar. Alguns, como Giulia, que havia entrevisto as sombras da infância de Sara depois da separação dos pais dela; outros, como Paulo, o esportista, sempre ativo e brincalhão; Silvia, reservada, serena – mais recente, mas já há alguns anos no grupo. Tanto Marco quanto Sara tinham perdido ao longo da vida alguns colegas de infância, vizinhos, um primo... mudanças de casa, novos uniformes e escolas: as relações dos adultos haviam marcado um pouco também as deles. Mas com estes eles podiam contar, pois sabem quem são! Autênticos e brincalhões – por que não? – como são os verdadeiros amigos.

"Certeza que vão casar? Ainda dá tempo..."

"E depois, para quê casamento?! Há outras formas de ficarem juntos, não há a menor necessidade de cerimônia e papelada!"

Piadinhas, entre a montagem de uma prateleira e a pausa para uma cerveja. Um pouco a sério, um pouco para provocar.

Sara havia passado algumas noites conversando sobre isso com Giulia. "Não queremos somente viver juntos, queremos realmente assumir uma responsabilidade. Por isso vamos nos casar."

"Matrimônio?!", interpelou Paulo, do alto de uma escada. "Só a palavra já me dá medo!"

"Mas eu não vou casar com o matrimônio", cortou rapidamente Marco. "Eu vou casar com Sara!"

Uma declaração de amor assim Sara jamais havia recebido!

## Os relacionamentos que salvam

Relacionamentos salvam vidas. Salvam sempre, ainda mais quando se passa por experiências dolorosas que nos colocam em crise. Steven e Sybil Wolin, ele psiquiatra e ela psicóloga, ao falar de resiliência e da capacidade de reagir aos estresses da vida, identificam um importante fator de proteção nos relacionamentos satisfatórios.[2] O sentido da existência, do sofrimento, se descobre em um encontro, quando as pessoas ajudam a ver além, a identificar novas estratégias para sair de um problema ou fazem companhia nos momentos de dificuldade. Na separação, saber que ainda podem contar com os amigos e parentes ajuda tanto os pais quanto os filhos.[3] "Pesquisas recentes revelam como a consolidação ou a ruptura das relações entre gerações parecem depender não tanto do divórcio em si, mas da forma como ele aconteceu e das relações precedentes que se foram estruturando."[4] Marisa percebeu que não perderia a ligação com os avós e com os tios, e isso lhe garantiu uma serenidade que a acompanhou ao longo do tempo. "Permaneceram boas relações; eu podia ver meus avós; a mãe de meu pai ajudava a minha mãe; ainda hoje se falam, até para coisas práticas".

---

[2] Cf. CYRULNIK, B.; MALAGUTI, E. *Costruire la resiliencia*. Trento: Erickson, 2007. pp. 95ss.
[3] Cf. BOMBARDIERI, M. *Con ali di farfalla*. Reggere ai dolori della vita. Milano: Paoline, 2011. pp. 13-16.
[4] SCABINI, E.; CIGOLI, V. *Il famigliare*. p. 217.

Se um filho consegue sentir a presença dos parentes, a autoestima e a valorização de si permanecem propiciando seu crescimento.

Permanecer no pensamento de alguém ao qual se está ligado faz bem ao coração e à mente. Se a criança se sente abandonada, corre o risco de se encher de preocupações, talvez criando problemas escolares e bloqueios prejudiciais.

Outras vezes, as relações com os parentes e entre os pais criam mal-estar e problemas ulteriores, como para Sérgio, que fez do silêncio a sua estratégia para enfrentar a separação dos pais. "Eu não podia dizer para minha mãe como me sentia quando ficava com meu pai; não podia dizer que me divertia. Devia filtrar tudo. Dizia à minha mãe coisas que não a chateassem. Talvez agora não seja assim. Não sei. Minha situação era ruim, talvez porque ambos gostassem muito de mim. Até o fim do Ensino Médio eu ficava com meu pai às quartas-feiras e aos sábados, e aos domingos a cada quinze dias. Se quando pequeno eu aceitava essas coisas, ao crescer as vivi como imposição. Não que não gostasse de estar com meu pai. No verão eu ficava um mês com ele: no começo ficava triste por não ver minha mãe e no fim ficava mal por ter de deixá-lo. Ainda hoje, ao escrever acordos de separação, acho que funcionem mais para os adultos do que para as crianças. Comecei a melhorar quando, no fim do Ensino Médio, disse a meu pai que iria para sua casa quando tivesse vontade. Não foi fácil dizer, mas depois tudo melhorou, ainda que me sentisse um pouco culpado. Papai não me obrigava a ir para sua casa."

Nos relacionamentos com os pais e os parentes é importante para o filho poder dizer o que pensa, o que deseja, mesmo que não fique completamente satisfeito.

## Atenções relacionais

As relações com os parentes dependem muito da atitude deles e de como se comunicam. Ricardo teve experiências tanto positivas quanto negativas no que diz respeito ao relacionamento com seus avós. "Eu tinha uma boa relação com meus avós paternos; com os avós maternos era menos, pois eles se intrometiam muito. Quando mamãe e papai brigavam, meus avós maternos vinham à minha casa, faziam o diabo a quatro e diziam que a culpa era toda do meu pai. Quando meus pais discutiam, eu saía de casa. Mesmo quando meu pai se tornava violento, eu me colocava no meio deles, mas na maior parte das vezes eu saía de casa."

Samuel pôde manter as relações com os avós: "Todas as relações permaneceram. Eu me dava muito bem com meus avós paternos. Às vezes eu fugia para a casa da minha tia, que tinha dois filhos da mesma idade que eu; ela também tinha se divorciado no mesmo período. Com meus avós maternos eu não me dava tão bem, ainda que nos víssemos bastante. Eles viviam no campo, tinham gado, podia-se estar ao ar livre, mas o ambiente era frio e pouco amigável, viviam fazendo piadinhas sobre meu pai. Ainda assim, enquanto criança o lugar era prazeroso. De modo geral, era tranquilizador ainda ter meus avós por perto, apesar da separação de meus pais; passei muitas férias com eles e isso também era muito bom. Na família de meu pai tive um relacionamento importante com um tio sacerdote...".

Os filhos observam, se intrometem, procuram mediar achando que devem administrar não somente a própria dor, mas também a causada pelas relações conflituosas e problemáticas dos parentes. Nos grupos de palavra muitas vezes emerge a preocupação, o medo, o sentimento de vergonha pelas brigas, gritos, falta de respeito que muitas vezes acontecem diante de todos. Também Ilaria Marchetti, mediadora familiar, condivide este pensamento: "A palavra vergonha se associa não tanto à palavra separação, quanto ao conflito entre pai e mãe. Os filhos ficam estranhamente preocupados em fazer feio nas situações em que pai e mãe brigam. Não lhes preocupa o fato de serem filhos de pais separados, mas as perguntas que os adultos lhes fazem e nas quais evidenciam um tabu social que eu reprovo muito. Os filhos não sentem vergonha por terem de dizer que os pais estão separados, mas porque pode acontecer de eles discutirem na porta da escola, num lugar em que estão todos juntos, mas depois ninguém mais sabe o que acontece. Isto acentua a necessidade de segurança, o quanto são inseguros e o quanto isso pode ser usado como elemento de controle do conflito. Há filhos tão habituados a lidar com o conflito entre mãe e pai que há pouco a fazer com a vergonha, mas muito com o medo e a insegurança".

Por que na separação dos pais os filhos deveriam perder também os elos com os avós e os tios? Parece uma injustiça e, no entanto, é difícil que as famílias de origem não se juntem criando alianças que fazem lembrar uma guerra. Quem escolhe lado não ajuda, só complica. O que os filhos pedem não são opiniões, mas proximidade, sem julgamento de seus pais. Enquanto narra, Júlia ainda mostra o seu desapontamento por frases muito fortes da avó contra sua mãe: "No ambiente familiar, pude encontrar menos meus avós paternos; os avós maternos jamais nos deixaram faltar qualquer coisa. Uma vez escutei minha avó materna culpando minha mãe, então não quis mais ir à casa dela, pois fiquei com raiva por ter ofendido minha mãe. Meu avô materno jamais disse coisa alguma. Com os avós paternos houve somente um pouco mais de distanciamento, ainda que estivessem presentes nos aniversários. Tudo era como antes, a não ser pelo fato de que meus pais estavam separados".

Algumas vezes não existem relacionamentos; talvez já não existissem antes. Lúcia sente a falta de contato de seus parentes: "De meus parentes não recebi ajuda, pois antes já eram distantes, cada um fechado em sua própria família. Falo com tristeza, pois hoje penso que teria sido bom. Talvez os parentes tenham se afastado por respeito. Somente no começo parece-me lembrar de certa ajuda de minha avó materna, mas pouca. As relações permaneceram as mesmas. Quando minha mãe foi embora, ficamos sozinhos. Meu pai se ocupava da casa, fazia a comida e ninguém – nem amigos, nem parentes – o ajudava".

A sua dificuldade e o sentido de que alguma coisa lhe fez falta é um aspecto que se confirma também por Cigoli e Scabini no texto *Il famigliare* [O familiar]: "Para os netos, a relação com os avós é de crucial importância. Muitas vezes o elo mantido com eles constitui uma verdadeira oportunidade para as crianças terem acesso à história familiar, depois da separação dos pais".[5]

## Lembre-se

- Na separação, saber que ainda podem contar com os amigos e parentes ajuda tanto os pais quanto os filhos.
- "Permaneceram boas relações; eu podia ver meus avós; a mãe de meu pai ajudava a minha mãe; ainda hoje se falam, mesmo para coisas práticas."
- Nos relacionamentos com os pais e os parentes é importante para o filho poder dizer o que pensa, o que deseja, mesmo que não fique completamente satisfeito.

---

[5] SCABINI, E.; CIGOLI. V. *Il famigliare*, p. 227.

# CAPÍTULO IX

## OS MOMENTOS DE CRISE E OS DESEJOS FRUSTRADOS

### As noites antes das provas

"Quantas colheres de açúcar você quer no café? Três colherinhas? Uma, duas, três, pronto. Nossa, não fica muito doce? Para degustar o café, ele deve ser tomado sem açúcar."

Padre André estava na cozinha, e ainda tinha um rádio ligado de fundo. Sara, no sofá, nem tentava se fazer ouvir. Até porque, o padre fazia perguntas pelo prazer retórico de ele mesmo responder. Sempre fazia assim, como se lembrava com simpatia, desde os tempos da escola, quando faziam piadas: "Sabe o que o Deus dirá ao Padre André ao recebê-lo no Paraíso?", questionavam os colegas de escola. "Nada: só o padre falará!"

Mas era de uma simpatia única: suas aulas, feitas de perguntas e respostas – que ele mesmo dava! –, eram muito divertidas, e a garotada sabia que por detrás do

personagem falastrão havia um grande coração, capaz de atenções impensáveis para aqueles adolescentes que pouco o escutavam e menos ainda colocavam em prática o que lhes era ensinado, mas que, como ele amava repetir, "a Providência lhe confiara".
Assim, não foi surpresa que, ao terminarem a escola, se mantivessem fortemente unidos por uma verdadeira amizade. Talvez não tão assídua, mas nos momentos importantes da vida "os seus meninos" iam à sua procura.
"Então você vai se casar? Bem, estou feliz. Sabe por que estou feliz? Porque vejo que você está feliz, satisfeita. Depois, sei que você pensou muito para tomar essa decisão. Sem incertezas. Não, você não é do tipo que vacila, age sempre com serenidade. Por isso, tenho certeza que está convicta. Muito bem! E Marco é uma rocha..."
Bebeu o café de um gole e então: "Sabe o que você me disse na noite anterior à prova final?".
Sara lembrava: tinha sentido necessidade de falar com o padre naquele momento, para diminuir a tensão, mas também porque sentia um nó na garganta, a sensação de estar virando uma página importante de sua vida, irrepetível. E lembrava-se bem do que lhe tinha dito. Mas nem conseguiu responder: o padre já continuava.
"Você disse: 'Quero fazer bonito na prova de amanhã. Mas não pela nota, que pouco me importa. Sinto que é uma ocasião de reformular muitas coisas: as dificuldades desses anos, os momentos de crise e a vontade de dizer à mamãe e ao papai o quanto gosto deles e não ter sido capaz, um pouco porque não podia dizer aos dois juntos, um pouco porque nunca encontrei oportunidade. E depois

pelas tantas coisas que fiz, e as que queria fazer... deixemos pra lá. A fragilidade que escondi, carreguei dentro de mim e agora eu a deixo para trás: essa é a prova final'."
Era verdade: tinha falado mais ou menos assim. Agora, em outra virada de sua vida, Sara sabia que as quedas da adolescência tinham a ver com sua história familiar, mas sabia também que qualquer dificuldade, mais que amedrontá-la, dava-lhe um empurrão a mais. E também o padre o sabia, por isso estava feliz. Sabia, ainda que não lhe tivesse dado espaço para dizê-lo...

## Separar-se é como desistir dos sonhos

Fomos tocados pela franqueza, pela profundidade da narração das pessoas que encontramos, como se o microfone lhes oferecesse a oportunidade que procuravam quase sem perceber. Por isso, na maioria das vezes os diálogos foram fáceis, não dramáticos, poderíamos dizer até leves, embora os tivéssemos convidado a narrar momentos difíceis. Dessa forma, pudemos arriscar perguntas um tanto desafiadoras, por exemplo, sobre os momentos de crise ou sobre os desejos que tal vivência não lhes permitiu realizar. As respostas foram nada óbvias, às vezes inquietantes. Marisa, por exemplo, não viu problema em ser filha de pais separados: "O que mais me fez falta foi não ter tido um irmão ou uma irmã. Os meus pais existiam. Muitos amigos viveram a mesma experiência de serem filhos de pais separados. Conversávamos sobre a separação, sobre o que sentíamos.

Tive uma amiga que viveu muito mal a experiência: eram os mesmos problemas e brigas entre seus pais. Eu jamais sofri tanto. Eu me comparava com as amigas que haviam vivido a mesma situação e via que eu não estava tão mal como elas; talvez porque as coisas com os pais delas tivessem se arrastado mais e os tivessem visto brigar mais".

O problema não é tanto ser filhos de pais separados, mas acompanhar o conflito entre eles: "Queria que eles tivessem uma relação melhor. Ou seja, mais tranquila", confessa Sérgio. "Brigavam todas as vezes que se falavam. Tenho lembranças dos conflitos na casa de meus avós. O pior período foi o dos três primeiros anos da separação, que coincidiram com a passagem do Ensino Fundamental para o Ensino Médio. Lembro-me do programa de TV do domingo à noitinha e que eu devia estar em casa entre às 20h30 e 21h. Quando terminava o programa eu devia ir embora, mas meu pai – não sei se fazia de propósito – atrasava ou então dirigia bem devagar. Sem dizer nada, eu me perguntava por que agia dessa forma. De fato, minha mãe primeiro ficava um pouco brava comigo, mas no dia seguinte ela ligava para o meu pai e era um 'deus nos acuda'. Um verdadeiro sofrimento, tanto para ela, que se sentia ofendida com o atraso, como para ele, que era obrigado a renunciar a mim".

Certo, mais de um admite que aqueles anos e aquelas experiências determinaram, de algum modo, as escolhas feitas depois de adultos. "Minha vida mudou com a separação", reconhece ainda hoje Sérgio. "Depois, com o passar do tempo, reorganizei a minha vida. A separação incidiu no meu caráter, que se tornou reservado, e talvez até sobre a escolha da minha profissão. Minha esposa afirma que eu teria escolhido o mesmo trabalho de meu pai, se não fosse aquela experiência. A universidade, você a escolhe com dezoito anos, e talvez naquele momento eu tenha escolhido fazer alguma coisa diferente do que meu pai fizera."

Júlia percebe os muitos aspectos práticos da separação, alguns banais, cotidianos, mas que acentuaram ainda mais a sua situação: "Momentos difíceis? Não saberia dizer. Com certeza, quando me casei houve algum problema a mais: por coisas materiais, como a disposição das mesas do jantar de casamento, ter que fazer três álbuns, ao invés de dois, mas também aspectos afetivos, como poder ter os meus pais sentados perto um do outro com os parentes. Não pude partilhar com ambos todos os preparativos nem a mudança de casa. Meu marido ia se encontrar com os pais dele a cada dois dias; eu não podia fazer isso porque teria de ir visitar um e depois o outro, em horários diferentes, e também seria complicado pelo tempo".

## A separação é uma ferida que pode reabrir-se

Ricardo é impelido a dizer que houve momentos nos quais a separação dos seus pais pesou-lhe mais, sobretudo depois de adulto: "Provavelmente nos momentos dolorosos, como quando me separei de minha esposa, com a qual tinha uma filha. Minha mãe chegou a dizer que minha filha não me reconheceria mais: estranho modo de pacificar as coisas, por certo muito ruim. Ainda hoje não tenho uma boa relação com ela. Por mais de um ano não lhe dirigi a palavra; depois, por causa de minha filha, que me pedia explicações, comecei a cumprimentá-la. Com meu pai, faz três anos que não nos falamos".

Também Júlia revê sua história e o quanto ela mudou: "O próprio fato de falar agora é um pouco sofrido. Ver pouco o meu pai fez com que me apegasse às pessoas de quem gosto. Sou possessiva com meu marido desde os tempos do namoro. A separação de meus pais fez de mim uma pessoa muito ciumenta, com medo de que alguém vá embora. Eu quase não falei sobre a separação na época; acho que comentei com a psicopedagoga da escola a respeito desse ciúme de meu namorado ou de alguma amiga. Acho que foi bom me abrir, porque depois percebi que, mais que a reelaboração, era uma questão de hábito. Eu tinha e ainda tenho dificuldade de pedir ajuda. Como naquela vez em que, ao final do treino de vôlei, tinha esquecido o celular e não pedi a ninguém que me emprestasse para eu avisar em casa. Era inverno e tive que caminhar vários quilômetros com a mochila nas costas. Não gosto de pedir ajuda por coisas simples, imagine por coisas sérias e pessoais, como o meu estado de ânimo. Jamais falei muito sobre meus pais. Consigo me abrir um pouco mais com meu marido, mas nunca é por vontade própria, quando muito numa conversa ocasional, que surge por acaso; não porque eu não confie nele, mas porque vejo como uma coisa minha. Também jamais disse para minha mãe como me sentia. Tinha medo de que ela se sentisse culpada se lhe dissesse que sentia falta do meu pai...".

Samuel se sente um pouco desanimado: "Por muitos anos me senti como se me tivessem roubado alguma coisa. Agora reconstruí minha vida e não gosto de olhar para trás. Dizem que quem olha o passado não vê o futuro. Eu estou olhando adiante. Se tivesse que dizer o que me faltou, diria que foi uma juventude mais tranquila, porque todos dizem que a adolescência é ruim mesmo; mas dos vinte aos trinta anos talvez pudesse ter vivido um pouco melhor. Sofri feito um cachorro. Se os pais estão atentos aos filhos, acho que a dor vai continuar existindo, mas perde-se menos tempo da própria vida. Eu, por dez anos, vivi o mínimo e perdi muitas coisas".

Poder falar ajuda. Esse é o significado dos grupos de palavra nascidos no Canadá e adaptados em outros países, nos quais as crianças podem conversar entre si e contar aos pais as próprias vivências, desejos, medos, como é bem descrito no texto de Costanza Marzotto: "Queridos pais, queríamos dizer que vocês precisam nos avisar o que vai acontecer!!! Se não, nós ficamos preocupados... e tristes!"; "Eu fiz de tudo tentando convencê-los. Disse: 'Mamãe, quem sabe depois ele concorde'. Fiz de tudo, fiz birras... mas eles nada".[1]

---

[1] MARZOTTI, C. (org.). *I gruppi di parolla per i figli di genitori separati*, p. 106.

Samuel afirma: "Não conheço os grupos de palavra, mas o que importa é deixar a criança falar, perguntar-lhe algo, perguntar-lhe como ela está. No meu caso houve muita confusão. Todos os homens que passaram pela minha casa me deixavam constrangido, porque eu não entendia bem o que estava acontecendo. Tudo se passava em silêncio. A única vez que se falou um pouco foi quando minha mãe terminou com um dos poucos que me agradara. Eu tinha 15 ou 16 anos. A ideia foi boa, não houve chantagem sobre os filhos, apenas algumas alfinetadas recíprocas pelas costas, mas durou pouco, pois no final eles mesmos se censuraram. Eles se contiveram, e se concentraram em manter o próprio equilíbrio, sem se preocupar em saber se os filhos estavam bem. Estavam vivendo um momento difícil, por isso não conseguiram. Provavelmente um genitor não dá conta disso sozinho".

Lúcia disse ter sentido muitas vezes o peso de uma história que não podia ser contada, o que a levou, quando adulta, a ser uma espécie de grilo-falante, com a tarefa de arrancar confissões alheias, porque o que não é dito corrói por dentro e não ajuda a reelaborar.

Ou seja, falar, mesmo não sendo fácil, pode ajudar, se forem usadas palavras simples e profundas, como emerge da narração de Lúcia: "Quando se é jovem, é bom poder falar com outros e com os pais, que devem estar disponíveis para entender, para modular o diálogo de acordo com a idade. Eu aproveito as oportunidades para falar. Às vezes também gosto de destravar meu irmão, ainda que não possa estar muito com ele".

## Lembre-se

- "Também jamais disse para minha mãe como me sentia. Tinha medo de que ela se sentisse culpada se lhe dissesse que sentia falta do meu pai..."
- "O próprio fato de falar agora é um pouco sofrido. Ver pouco o meu pai fez com que me apegasse às pessoas de quem gosto."
- "Quando se é jovem, é bom poder falar com outros e com os pais, que devem estar disponíveis para entender, para modular o diálogo de acordo com a idade. Eu aproveito as oportunidades para falar."

## CAPÍTULO X

# REFLETIR, REELABORAR, AGIR

## Pedalando

"Muito boa sua ideia de sair para pedalar!"
"Temos ainda uma lista enorme de coisas para fazer, e daqui uma semana nos casamos, mas precisávamos de uma pausa... e um pouco de ar fresco só pode fazer bem!"
O ar frisante, a alma leve. Marco e Sara pedalavam suas bicicletas e deixavam livres seus pensamentos ao longo das estradinhas de chão batido, fora de centro da cidade, onde podiam seguir lado a lado.
"Vamos pegar este desvio." A cada instante Marco improvisava, tinha uma ideia nova: "Quero te mostrar uma coisa. Pronto! Olha! Agora está um pouco diferente, antes havia uma chácara, que reformaram, e ali onde fica o estacionamento era tudo gramado. A gente vinha brincar escondido e lá no fundo – havia muito mais espaço verde então – podíamos empinar pipas. Meu pai tinha feito uma linda, amarela e vermelha, com rabiola azul. Gostaria de

ensinar meu filho a fazer uma pipa: o segredo está no modo de cruzar as duas hastes..."
"Para, para, para! Rewind: gostaria de ensinar quem?"
"Meu filho, nosso filho, quero dizer... Você não se imagina, daqui há alguns anos, brincando com nosso filho, com nossa filha?"
"Claro, mas ouvir você dizer é estranho. Desde quando você imagina essas coisas, Marco?"
"Bem... há um tempinho, desde que decidimos nos casar, ou talvez antes, não sei... Acho que é normal, né? É algo que faz parte da nossa história... como dizer?..."
"Não diga mais nada, Marco", com um beijo rápido nos lábios, Sara o calou. "Você já falou muito!"
E voltou a pedalar, feliz e comovida como nunca antes: "Vamos ver quem chega primeiro na ponte de pedra?".
Sara já estava três metros à frente, inalcançável.
Ou talvez Marco é que a tenha deixado ir e a seguisse, sorrindo. O ar frisante, a alma leve...

## Reelaborar não é apagar

As experiências difíceis da vida podem ser reelaboradas. Não anuladas, mas integradas às coisas positivas da vida. Salvatore Natoli diz: "A felicidade desta vida é finita e, portanto compreende também a dor em seu horizonte. Dor e morte [...] são vividas aqui e agora, como parte da vida".[1]

---

[1] NATOLI, S. La felicità? È di questo mondo. Entrevista realizada por Ennio Pasinetti, em *Scuola Cattolica Moderna*, 11 (2010-2011) 19.

Reelaborar a dor, porém, requer que os pais ajudem os filhos, o que para Marisa significa: "Explicar-lhes, fazer-lhes compreender o que está acontecendo; que, não obstante os pais se separem, nem tudo está acabado, não vão ser abandonados. É importante que o filho possa manter um relacionamento com ambos os pais, além do que eles viveram como casal. Quando um casal se separa, há muito rancor pelo que aconteceu. É preciso ter a capacidade de colocar uma pedra em cima e demonstrar à criança que continuarão a ser seus pais. Sei que não é fácil, pois quando acaba uma história, há muita raiva. Aos poucos, porém, se a pessoa se empenha, pode conseguir superar os sentimentos ruins pelo bem das crianças. Não se deve ser egoísta; mesmo que o adulto se sinta mal, deve pensar na criança. Os pais precisam pensar que o filho vem em primeiro lugar, que não pode sofrer certas coisas. Os adultos podem resolver os problemas e pelos filhos eles devem se unir e se fazer presentes".

Marisa fala como filha, mas também como mãe separada: "Para mim foi muito útil o exemplo de minha família, assim como para o meu ex-marido. Como mãe, eu também vivi a separação do homem ao qual me unira, que não era um bom companheiro, mas sabe ser um bom pai. E eu tinha que lhe dar a possibilidade de ser pai, mesmo que a relação não funcionasse mais entre nós. Separações são difíceis, porque às vezes um quer fazer o outro pagar, arruinando a relação com o filho, impedindo a convivência e outras coisas que fazem mal. É como usar os filhos".

Certamente é preciso perguntar sobre a possibilidade de superar o rancor. Marisa continua convicta: "As pessoas conseguem, se usarem a capacidade de reelaborar. A dor da separação é causada pelo sentimento de fracasso como família e como casal. Uma pessoa dedica anos ao casamento e depois tudo vira cinzas".

Esse é um dos temas mais difíceis de reelaborar. O fracasso do projeto familiar envolve a parte mais profunda da pessoa, mas também as gerações precedentes e a própria sociedade. Não obstante, os filhos têm muitos recursos e, geralmente, a reelaboração acontece mais adiante, quando se abrem a novas experiências, como aconteceu com Sérgio: "Minha vida mudou com a separação de meus pais, mas, com o passar do tempo, eu me reorganizei: a escola, a universidade, mais ou menos aos 20 anos". Por certo a separação continua a fazer parte da bagagem individual: "Talvez, sem esse acontecimento, eu fosse diferente. Com certeza, a separação fez de mim uma pessoa menos despreocupada".

Júlia fala de mágoas: "Há sempre o medo de que alguém vá embora". Quando a vida lhe dá um golpe e o marca, fica o medo de que possa acontecer de novo. O medo é uma das emoções que mais frequentemente emergem nos grupos de palavra. Porém, Sérgio nos fala da possibilidade de aprender com a experiência: "Eu não excluo nada. No momento estou seguro no meu casamento; pode ser que daqui a um ano eu me separe, porém pensarei bastante. Antes de fazer essa escolha, é preciso estar muito atento. Agora não penso nisso, pois está tudo bem. Costumo comentar com meus conhecidos que talvez não valha a pena separar-se, especialmente quando se tem filhos. Ouso dizer que se deve fazer todo o possível para evitar a separação. Quando não há como resolver a situação, a separação é inevitável, mas ela deve ser tranquila, ainda que não seja fácil. A sociedade mudou; as pessoas se casam por impulso, separam-se depois de um ano e, graças a Deus, muitas vezes não chegam a ter filhos. Parece quase normal casar-se e separar-se muito rapidamente. Certas separações poderiam ser evitadas, mas não se para nem um minuto sequer para tentar salvar o casamento. Faz-se tudo levianamente".

Sérgio é pai e marido, mas, falando sobre separação, como é forte a sua experiência de filho, ele a utiliza no seu trabalho para demonstrar como o respeito é necessário.

Também Ricardo fala de respeito. Ele sente ter aprendido, justamente com a grande conflituosidade de seus pais, a respeitar as pessoas que tem diante de si, a manter um diálogo, porque assim o entendimento e a resolução dos problemas se tornam possíveis. Precisou de terapia para superar o luto e a dor, o que o ajudou a não cometer os mesmos erros de seus pais. "Quando me tornei pai e percebia que não estava bem por dentro, corria em busca de ajuda; comecei a fazer psicoterapia; não queria que minha filha passasse pelos mesmos problemas."

Também Samuel precisou de psicoterapia para reelaborar a sua vivência: "Foi assim: vivi um período de congelamento dos 10 aos 17 anos; mas em determinado momento a água ferveu e a adolescência tornou-se terrível do ponto de vista da agressividade. Eu era racional e isso me protegeu por muito tempo. As armaduras, porém, são prisões claustrofóbicas e a certo ponto passei por uma crise. Minha mãe, em sua inadequação, tinha estudado pedagogia e percebeu que o problema devia ser enfrentado de alguma forma. Foi ela quem me encaminhou para a terapia, quando eu tinha cerca de 20 anos, sem muita certeza ou convencimento, mas ainda assim me abriu um caminho. Foram alguns anos de esforço e sofrimento, mas a terapia começou a dar resultado e eu percebi que era o caminho certo, tanto que depois de um ano minha mãe queria que eu a interrompesse e eu queria continuar mais um pouco. Foi então que procurei um trabalho que me permitisse pagar a terapia. Nesse percurso tomei consciência da minha emotividade, que é a capacidade de reconhecer as emoções, de comandá-las, não no sentido de reprimi-las, como muitos pensam, mas sim de administrá-las, reconhecê-las e compreender que às vezes é preciso exprimi-las e outras vezes não. Em se tratando de emoções, nossa sociedade muitas vezes é estúpida e repressiva. Quando alguém começa a encontrar o equilíbrio, percebe quantas pessoas têm necessidade disso mas não sabem. A terapia dá ao indivíduo um senso de possibilidade que antes não existia. Este é um argumento profundo, que envolve também o âmbito espiritual. Aos poucos eu me apaixonei pelo assunto e lia muito, porque me fascinava.

Li Jung, divaguei e cruzei por acaso com o psicoterapeuta Carotenuto, um personagem muito particular com quem tive uma experiência que não chamaria de terapêutica, mas de quase espiritual. Ele tem uma frase fascinante: 'Onde há sofrimento deve haver também a possibilidade de falar sobre ele'. Acho esse discurso quase artístico, no estilo de Schopenhauer".

Com Júlia e outros, a entrevista se torna uma possibilidade de poder falar, de pontualizar a situação, de recuperar as lembranças: "Eu estou falando porque você me pediu, mas normalmente não tenho vontade de falar. Jamais falei para minha mãe como me sentia, pois temia que ela se sentisse culpada. É mais fácil falar com alguém que não se conhece bem e com quem não se tem problemas para tratar disso".

Dar voz, ter alguém que acompanhe, escute, autorize a falar sem medo de ferir ou criar outro mal. Pois muitos filhos dizem justamente isso. Não que não experimentassem emoções, mas era muito arriscado deixar que elas aflorassem em situações já críticas e inquietantes. É bom que os pais ajudem e permitam aos filhos falar quando têm vontade, sem forçá-los, mas com disposição de escutá-los. "Para as crianças é importante poder dividir os pensamentos que exprimem coisas muito bonitas, profundas, criativas. Basta ter tempo e vontade para escutá-los.[2] Hoje, eu acrescentaria, se um pai não consegue fazer isso sozinho, é importante que peça ajuda para si mesmo e para os filhos.

---
[2] BOMBARDIERI, M. *Come faccio a essere un bravo genitore?*, p. 66.

"Quantos pensamentos, emoções e experiências os filhos podem contar; às vezes são comoventes, fazem rir ou notar novos aspectos."[3]

Lúcia, o nosso "grilo falante", que nem sempre podia exprimir o que estava vivendo, fez do direito de falar o seu lema: "Recordar quer dizer repartilhar... poder falar, finalmente". Finalmente. Poder falar significa permitir fazer nascer coisas novas, vendo-as por outro ângulo. "Fico chateada por deixar que as coisas sigam por sua conta, eu quero falar... quero saber... É importante não somente descobrir as coisas, mas reconstruí-las. Partir das coisas que conheço para ver como marcaram a minha vida, o que fiz com elas. É um recompor, um reconstruir. Ao falar, consigo rever coisas que já conheço e descobrir nelas outros aspectos, outras facetas que me assombram porque as havia deixado de lado. A separação é uma coisa que não termina nunca... é a sua história, feita também de coisas boas... Para mim é isso! Quando penso na minha família, penso no meu pai... Devo dizer que o nascimento de meus filhos me reaproximou um pouco mais de minha mãe. Para uma mulher, deixar a sua casa significava uma mácula: ela também disse que foi difícil, que ninguém quer passar por isso. Agora compreendo as suas dificuldades. Para mim, minha família é meu pai, depois a minha mãe, que vem ver os netinhos quando quer. Se meus filhos me perguntam por que o vovô e a vovó não vivem juntos, respondo que eles não conseguem e que é melhor cada um morar na sua casa. Explico-lhes com conceitos

---

[3] Id., ibid., p. 71.

apropriados, para que possam compreender. É importante responder as perguntas das crianças de forma adequada à sua idade, às suas necessidades de informação. Mesmo quando perguntam por que você se dá bem com os avós e eles não se dão bem entre si."

A vida familiar é feita de elos, de genealogias e, muitas vezes, o que não aconteceu como filho, pode acontecer como pai. Lúcia, explicando aos seus filhos, escutando-os, dando importância às suas perguntas, age também por aquela menina que não encontrava respostas e não podia permitir-se perguntar porque não havia espaço para fazê-lo. Reelaborar, portanto, um percurso que leva a vida inteira. Às vezes a ferida volta a doer, como quando muda o tempo, e é preciso aceitar o fato de que apagar a dor é uma fantasia; pode-se colocá-la numa perspectiva de esperança e de novidade, sem negar que não agradava e não agrada. Reelaborar quer dizer não estar sozinho, e isso é um chamado não somente aos pais, mas à sociedade, aos serviços de assistência.

Em uma belíssima aula, o professor Cigoli afirmava que se deve aumentar o capital social além do econômico e para isso é preciso instaurar relações de sociabilidade capazes de veicular trocas, solidariedade, reciprocidade, confiança. São úteis os elos de afeto, apoio, segurança; são úteis as competências de comunicação eficaz para criar e multiplicar elos. Eles não nascem apenas na simplicidade e na alegria, mas também na dificuldade e na dor. É útil fazer um caminho, um percurso de mudança. São úteis também as ações concretas da parte dos pais e da comunidade.

"O povo de Israel viveu por longo tempo na escravidão e refletiu sobre sua triste condição, mas não basta refletir; também é preciso agir, decidindo enfrentar os perigos que a inércia esconde. Não se passa do estado de escravidão ao de liberdade sem assumir o risco desse trajeto. O fato é que a *vida ativa* abre as portas ao registro ético da relação. O *ethos* da relação é um fardo pesado; trata-se, com efeito, de assumir a responsabilidade de agir, de estar próximo do outro nos momentos de dificuldade, de reconhecer os erros, mesmo os involuntários, e de refazer a relação com o outro."[4]

## Lembre-se

- "A sociedade mudou; as pessoas se casam por impulso, separam-se depois de um ano e, graças a Deus, muitas vezes não chegam a ter filhos. Parece quase normal casar-se e separar-se muito rapidamente."
- "Onde há sofrimento deve haver também a possibilidade de falar sobre ele."
- "É importante não somente descobrir as coisas, mas reconstruí-las. Partir das coisas que conheço para ver como marcaram a minha vida, o que fiz com elas. É um recompor, um reconstruir. Ao falar, consigo rever coisas que já conheço e descobrir nelas outros aspectos, outras facetas que me assombram porque as havia deixado de lado."

---

[4] CIGOLI, V. *L'albero della discendenza*. Milano: Franco Angeli, 2002. p. 18.

## CAPÍTULO XI

# O QUE DIZER AOS PAIS QUE SE SEPARAM

### Dar o que se recebeu

Estamos chegando quase ao final desta viagem-encontro com testemunhas privilegiadas que percorreram, vivenciaram e integraram a separação à sua experiência de vida. Depois de segui-los em sua narração, é quase natural que surja a vontade de pedir-lhes um parecer, um conselho, sabendo que não existem receitas preconcebidas, mas que, quando se passa por dificuldades, uma história pode ajudar, esclarecer uma dúvida, ajudar a resolver o problema.

O que você diria a um casal que se separara? Uma pergunta difícil e complexa como a recordação daquilo que foi vivido por filhos de pais separados. As respostas, porém, chegaram claras, sem muitos adornos ou teorizações.

Marisa: "É importante a possibilidade de escolher quando estar com a mãe e quando estar com o pai. Não ter dias estabelecidos. Que os pais estejam disponíveis para os filhos. A liberdade de estar próximo do genitor por vontade própria. Também com o meu ex-marido estabeleceu-se a rotina semanal para ver nossa menina, mas, se ele deseja encontrá-la em outros dias, tem liberdade para isso. Quando não há acordo, aconselho refletir, pensar na criança. Pode-se discutir, pode ser até um momento de confronto, mas é preciso pensar no bem dela. Quando existem novas convivências, é preciso prestar ainda mais atenção. Que o/a companheiro/a seja inteligente e exerça a gratuidade, para não fazer diferenças do tipo 'seu filho, meu filho'. Para uma mulher é mais fácil encontrar um companheiro que tenha essas características. Eu jamais gostaria que minha filha se sentisse excluída, assim como não se deve fazer o filho do outro se sentir. Para os homens pode ser mais difícil, mas é preciso ter em mente que não se deve arruinar o relacionamento com os próprios filhos por causa de uma nova relação amorosa".

Sérgio: "Que os adultos deixem de lado as razões deles e busquem um entendimento em nome das crianças. Quando penso em minha mãe e meu pai, acho que não deveriam estar juntos, porque eram pessoas muito diferentes. Era inevitável a separação. Se como criança dava 100% de razão à minha mãe, depois a situação mudou. Quem se separa tende a colocar a culpa no outro, envolve o filho, discute sobre o dia de cada um com a criança. O ideal para a criança é ter uma família unida, mas, se a separação acontece, os pais devem conversar e agir de comum acordo. Quando os filhos percebem que seus pais continuam brigando mesmo após a separação, não há nem mesmo o benefício da suposta tranquilidade. O pai diz uma coisa e a mãe diz outra... não sei que vantagem possa haver. Eu fiquei muito pior após a separação; tudo somado, isso pode parecer estranho, eu a tinha aceitado, mas os conflitos sucessivos se tornarem muito difíceis".

Ricardo: "Que continuem a ter um relacionamento, um diálogo entre eles e, sobretudo, com os filhos. Que consigam deixar de lado toda irritação... e, se não conseguirem, ao menos protejam os filhos. Duas pessoas podem não se amar mais, mas eu não aceito que não consigam amar o próprio filho e não façam o impossível para estar perto dele".

Júlia: "Não perder a vontade de ver os filhos. Meu pai, com o seu modo de agir, me fazia pensar: 'Não tenho interesse, não tenho vontade de nos encontrarmos, não posso perder tempo'. Talvez ele não tenha percebido, ou talvez estivesse convencido de fazer a coisa certa, mas, no fim, a impressão que me dava era de não ter vontade de ficar muito tempo comigo, de participar minimamente da minha vida, sobretudo depois de adulta. Quanto às discussões – por caridade! –, o casal deve discutir entre si para tomar a decisão de se separar, mas um jamais deve falar mal do outro diante dos filhos, porque, afinal... continuam sendo pai e mãe depois da separação. Meu pai tem uma nova mulher, dez anos mais jovem que ele. Se tiverem filhos – se já não nos vemos hoje em dia –, como será no futuro? Gostaria de ter um pouco mais de diálogo, ainda que entenda a personalidade de meu pai. Com o passar do tempo fui tendo a impressão de que ele não fazia questão de nos ver. Minha mãe diz que ele é assim mesmo, mas que nos quer bem e faria tudo por nós... mas não demonstra. É como se tivesse se esquecido da sua vida anterior".

Lúcia: "Proteger a relação que os filhos têm com pai e mãe, ainda que tenha consciência de que é muito difícil. Se complicam as coisas, diria a eles que tal situação me deixa desconcertada, porque aos filhos se deve preservar o máximo possível. É importante que peçam ajuda, qualquer forma de mediação que lhes permita distanciar-se, respirar. É importante também resguardar a rede familiar: avós e tios".

Samuel: "O importante é deixar a criança falar, questioná-la, perguntar como ela está. No meu caso houve muita confusão. Se os adultos prestam atenção ao filho, conseguem ajudá-lo. O sofrimento continua existindo, nenhuma terapia poderá subtraí-lo, mas com ela se perde menos tempo da vida. Eu, por dez anos, vivi muito pouco e perdi muitas coisas. Diria também que não se consegue explicar tudo com as palavras. As palavras podem ser caixas vazias e o conteúdo delas depende do quanto você viveu".

## A importância de uma rede

Quando a família passa por dificuldades e fragilidades, tem necessidade de uma rede interna de apoio. Os serviços de assistência social, as organizações civis de interesse público, as redes de amigos podem acompanhar pais e filhos nessa transição. As relações curam as feridas. "Não se deve esquecer jamais que não é somente a clínica que cura. As relações íntimas também fazem isso, sejam as familiares ou conjugais, sejam as de amigos ou grupos. Também as relações espirituais, através do elo com o sagrado e a sua presença no mundo".[1] A comunidade deve fazer-se lugar de acolhida e de escuta. "Os amigos, os professores, a paróquia, a escola, o bairro e o grupo esportivo são realidades potencialmente relevantes para a educação dos jovens durante o processo de separação, visando a uma melhor adaptação à passagem da família intacta à família separada. Os auxílios relacionais, educativos, sociais deveriam vir do contexto territorial... A importância de locais comunitários faz com que o evento da separação e a educação dos filhos em tal circunstância não sejam delegados exclusivamente aos pais ou, no mínimo, aos recursos primários."[2]

Também os nossos entrevistados acentuam a importância de uma rede para não se sentir sozinho. Que redes encontraram? No período histórico no qual aconteceu a separação dos pais deles, muito poucas, sobretudo em âmbito institucional. Atualmente existem serviços, grupos, várias formas de apoio. Há uma sensibilidade maior sobre o problema.

Samuel afirma: "Ninguém teve a sensibilidade de se aproximar de mim. Ninguém. As amizades positivas me ofereciam afeto e espaço para brincadeiras, mas não enfrentavam

---

[1] CIGOLI, V. *L'albero della discendenza*, p. 17
[2] IORI, V. *Separazioni e nuove famiglie*, p. 150.

o problema. Proporcionavam um alívio emocional. Durante o período em que fiz terapia, entretanto, comecei a ser sensível ao inconsciente e à dor do outro. São pequenos dons. Carotenuto diz: 'Eu sinto os meus pacientes através das minhas feridas'. É assim. Eu aceitei participar desta entrevista um pouco porque, após anos de terapia, não quero mais ter medo, e um pouco porque a frase de Carotenuto sobre o sofrimento a ser narrado é profunda. Era uma ocasião para narrar a mim mesmo. Há uma reflexão que não é mais psicanalítica: quando alguém enfrenta situações difíceis, começa a se livrar do veneno e então o choro diminui, pois quem sofreu muito começa a perceber que lhe resta algo que outros não têm e não pensa mais que a vida foi injusta; pensa que de alguma forma ganhou uma sensibilidade nova, que ela é sua, adquire gosto pela existência e começa a apreciar coisas que outros não conseguem compreender".

Marisa: "As famílias estiveram presentes, ajudaram a mim e aos meus pais. Eu ficava muito com minha avó paterna. Jamais ouvi minha avó falar mal de minha mãe diante de mim. Às vezes essas coisas acontecem. A família de meu pai esteve mais envolvida, porque vivi com minha avó e meu pai por certo período, mas a de minha mãe também".

Sérgio: "Não havia nada. A única coisa que sabia é que havia os advogados; não havia serviços de apoio. Provavelmente para minha mãe teria sido bom, para lidar com toda a situação. Havia certas dificuldades. Ela tinha parado de estudar quando eu nasci. Depois, quando percebeu que o matrimônio estava ruindo, recomeçou a estudar e depois se formou... com um menino ainda muito pequeno e separada".

Ricardo: "Não havia serviços de apoio... embora sabendo que meus pais jamais pediriam ajuda; ninguém me ajudou como filho; ter uma rede de apoio é absolutamente importante. É muito duro não saber para onde se virar, não saber a verdade e qual o caminho certo. Apesar de ter 15 anos na época, eu tinha necessidade de ajuda, ser guiado, ser levado em consideração. Ninguém esteve atento às minhas vivências de filho...".

Júlia: "Eu sei que minha mãe procurou algum profissional que a ajudava. Eu percebi que os amigos de meus pais se afastaram e que, em vez de nos ajudar, nos julgaram, principalmente à minha mãe, que escolheu admitir que existia uma crise. No entanto, teria sido bom se pessoas imparciais nos ajudassem. Não há nada de mal em ir a um psicólogo. Muitas pessoas pensam que quem vai a um psicólogo ou a uma profissional semelhante tem problemas, é doente... Eu acho que justamente a falta de confiança nesses profissionais pode criar problemas, pois não há nada pior que carregar dentro de si, durante anos, dúvidas, incertezas, raiva...".

Lúcia: "Em vista do período histórico, não havia serviços de apoio. A pessoa ficava marcada se fosse ao psicólogo, mesmo como casal... Pedir ajuda era um tabu. Não existiam serviços e os que existiam marcavam quem os procurasse...".

## Lembre-se

- "Há uma reflexão que não é mais psicanalítica: quando alguém enfrenta situações difíceis, começa a se livrar do veneno e então o choro diminui, pois quem sofreu muito começa a perceber que lhe resta algo que outros não têm e não pensa mais que a vida foi injusta; pensa que de alguma forma ganhou uma sensibilidade nova, que ela é sua, adquire gosto pela existência e começa a apreciar coisas que outros não conseguem compreender."
- "Teria sido bom se pessoas imparciais nos ajudassem. Não há nada de mal em ir a um psicólogo. Muitas pessoas pensam que quem vai a um psicólogo ou a uma profissional semelhante tem problemas, é doente... Eu acho que justamente a falta de confiança nesses profissionais pode criar problemas, pois não há nada pior que carregar dentro de si, durante anos, dúvidas, incertezas, raiva..."
- "Proteger a relação que os filhos têm com pai e mãe, ainda que tenha consciência de que é muito difícil. Se complicam as coisas, diria a eles que tal situação me deixa desconcertada, porque aos filhos se deve preservar o máximo possível. É importante que peçam ajuda, qualquer forma de mediação que lhes permita distanciar-se, respirar. É importante também resguardar a rede familiar: avós e tios."

# CAPÍTULO XII

# ENTREVISTA COM UMA MEDIADORA FAMILIAR

"Temos que dar voz também a um profissional", dissemos enquanto planejávamos o livro. Pensei, então, em Ilaria Marchetti, uma mediadora com a qual desenvolvi um "estágio" durante o mestrado em mediação familiar que frequentei entre 2009 e 2012. Eu lhe escrevi, explicando o nosso projeto, e marcamos um encontro.

Manhã de segunda-feira. Há um belo sol sobre o lago; espero Ilaria no estacionamento, subimos juntos ao seu escritório e entramos na sala de mediação. Cores quentes, instrumentos do trabalho: o *flip-chart* onde está desenhado um genograma (uma imagem que reconstrói de forma gráfica a estrutura familiar), o calendário que serve para estabelecer os dias em que os pais devem comparecer, três pequenas poltronas onde normalmente se sentam o casal e o profissional. O sol do lado de fora é filtrado pelas persianas; há emoção e expectativa por este encontro. Ilaria convida-me a me acomodar; eu ligo dois gravadores, pois sempre tenho receio que um deles não funcione e pedir outra entrevista seria um grande problema.

*Antes de entrar no discurso propriamente dito, sinto a necessidade de perguntar a Ilária sobre o motivo de ter escolhido sua profissão.*

Comecei a desenvolver a profissão de mediadora em 2004, após uma formação no campo pedagógico e sociológico e um mestrado em mediação familiar na Faculdade de Psicologia da Universidade Católica de Milão. Lembro que na terceira aula do mestrado, ouvindo meus professores, escrevi numa folha uma citação de Ivano Fossati: "Esta é a rota, este é o caminho, esta é a direção". Uma frase da qual me recordo ainda hoje e leio quando revejo os apontamentos escritos naqueles dias já distantes. Lembro que usava a folha inteira, escrevendo em preto e vermelho. Em preto, o que os professores diziam e em vermelho as minhas reflexões, as minhas perguntas.

Desde então me pergunto por que quis trabalhar com mediação familiar: todos sabemos que o trabalho tanto é procurado por nós quanto nos procura. Acho que o sentido daquilo que faço está justamente nessa busca constante, quando encontro pais que me pedem para ajudá-los a reorganizar a própria vida como família separada. Gosto de procurar com as pessoas que encontro os muitos recursos que elas possuem, muitas vezes encobertos pelo conflito que as colocam em campos opostos, que as fazem querer jogar tudo fora, sobretudo aquilo que existe de bom.

Separar-se é uma das coisas mais trabalhosas que pode acontecer a uma pessoa, e a dor, muitas vezes, se transforma em raiva, rancor, violência... que causa cegueira.

*Depois, como fiz com os outros entrevistados, peço uma livre associação com a palavra "separação".*

Na realidade, vêm-me à mente muitas imagens. Nem todas minhas, mas já um conjunto de imagens que as pessoas trazem à mediação. No princípio eu tinha uma ideia toda minha de separação, sobre a qual trabalhei muito no percurso indispensável para conseguir desenvolver esta profissão com competência.

Encontrei pessoas que me disseram que a separação é como um fogo do qual se deve tomar a devida distância, ou então me lembro de um pai que afirmou sentir a separação como o momento no qual precisou aprender a profissão de padeiro: "Eu só fazia besteira e não conseguia pensar em nada; estava desesperado; porém, assim como aprendi o ofício de padeiro, aprenderei também a lidar melhor com a separação". Nessa ideia de padeiro creio que esteja a dificuldade de sujar as mãos, a necessidade de limpar-se e a tenacidade em procurar o modo de produzir um bom pão. Após tantos anos de trabalho, hoje separação me lembra uma transformação, uma mudança na forma do relacionamento. Lembro que eu associava separação a algo negativo; agora não é mais assim: penso em alguma coisa que se transforma e que permanece. A ideia que trago em meu trabalho é que não é preciso jogar fora para transformar.

Na verdade, para transformar é importante encontrar algo a ser salvo. Um processo de transformação não tanto das pessoas, mas dos elos.

*Enquanto a escuto, penso que ela mostra a separação como algo vital, que ultrapassa o sofrimento que traz consigo.*

Isto é algo que se encontra nos casais que se separam; o conflito é, por si mesmo, produtivo e vital, ainda que para isso deva ser bem administrado. Há casais que se separam justamente para buscar uma nova vitalidade, uma nova forma, e usam a separação para comunicar a necessidade de uma mudança. Outros, ao invés, encontram na separação uma real resposta às suas necessidades como pessoas, ao descobrir que, como cônjuges, não sentem mais a necessidade de uma troca e o que permanece neles é o ser pais.

Durante a mediação, quando os cônjuges o desejam, há um momento no qual se perguntam qual foi a história deles e o que os levou à separação. Depois desta primeira fase, na qual se vai em busca daquilo que de bom pode ser salvo, abre-se o trabalho sobre a reorganização dos elos e da vida cotidiana. Nesta segunda parte, os filhos são os protagonistas da cena: a mediação se torna um investimento para o bem-estar deles.

*Acho que nessa experiência vital as pessoas devam lidar com o luto e peço a confirmação de Ilaria.*

Sim, creio que seja um dos lutos mais difíceis da vida, conforme indicam as muitas pesquisas sobre a separação. A separação é um luto no qual se coloca uma responsabilidade que ativa muitos sentimentos de culpa, que em geral condicionam e veiculam os comportamentos das pessoas. Se o luto, ligado à morte de um ente querido, nem sempre provoca o sentido de responsabilidade, na separação ele está sempre muito presente, não tanto em termos de assunção de responsabilidade pelo que aconteceu (isso é possível quando os cônjuges conseguem compreender o sentido da história do casal), e sim por conta de um sentimento de culpa com relação a um projeto que estava ligado à esperança de que o elo conjugal fosse para sempre. Trata-se de elaborar o luto do "para sempre" e, portanto, da esperança.

As formas de elaborar o luto são diferentes para cada pessoa: há quem tente anular o elo com o outro, quem procure manter o elo de antes. Os primeiros vão de encontro a um esforço sobre-humano, impossível de realizar: "Os elos são por si mesmos eternos". Lembro-me de uma mãe que encontrei algumas vezes antes de começar a mediação. Ela me perguntou: "Como conseguirei participar desta mediação, se no fundo só espero que ele morra?". Era o seu modo de elaborar o luto; um modo que a conduziu a acumular muito rancor e pouca consciência de sua real situação, ou seja, uma separação entre duas pessoas que haviam se amado e que agora queriam continuar a amar os seus filhos.

*Dos entrevistados emergiu o sentimento de vergonha pela separação; desejo saber se esse sentimento ainda se faz presente hoje.*

Hoje eu o encontro pouco, talvez escondido por trás do sentimento de culpa por não ter conseguido realizar a árdua tarefa de manter pai e mãe unidos. Creio que os filhos associem a palavra vergonha não tanto à separação, e sim ao conflito entre os pais; os filhos se preocupam muito com sua imagem quando os pais brigam: diante do portão da escola, na casa dos amigos, dos avós. Eles dizem isso durante os encontros nos grupos de palavra, quando se confrontam com outros que vivem a mesma experiência. A vergonha, contudo, é menos forte que o medo e a sensação de insegurança que os filhos experimentam nessas situações. Muitas vezes são eles que encontram estratégias para sair do conflito, do qual se sentem culpados.

*Um dos aspectos que aprofundamos com nossos testemunhos privilegiados é o que está ligado à notícia da separação. Penso que seja importante ouvir também o parecer do profissional.*

Com relação a esse tema, há três elementos importantes a evidenciar: como contar, quando contar e o que dizer. No que diz respeito à primeira questão, o como contar, parece-me importante desfazer uma espécie de mito, ou seja, que exista "um modo bom de contar", que prevê que a notícia acerca da separação seja dada em conjunto. Não existe um modo bom e um modo ruim para contar; a notícia de um acontecimento doloroso só pode ser dolorosa; não há nada que possa evitar a dor dos filhos. Todavia, há modos de evitar que a dor seja trágica. Às vezes os pais me pedem: "Diga-nos: como fazemos para contar aos nossos filhos?". Cada um deve encontrar um modo próprio, assim como cada família. Não adianta construir um cenário todo artificial para dizer que mamãe e papai vão se separar. É importante que a comunicação seja feita com atenção, escuta, clareza e cuidado. Alguns pais decidem dar a notícia juntos, outros preferem fazê-lo individualmente. Estar juntos, nos primeiros momentos da separação, é, geralmente, muito complicado para ser produtivo. Contar juntos é bom, se os pais acharem que conseguem. O bom, no fato de estarem juntos, é a experiência que os filhos fazem dos elos que permanecem. Contudo, se na comunicação conjunta emerge o conflito, é melhor que seja individualmente.

O importante, na verdade, é que os pais estejam de acordo sobre quando e o que dizer.

É importante que mãe e pai combinem o momento de dar a notícia. Com frequência os pais acham que seus filhos são muito pequenos para compreender. Sabemos, contudo, que os filhos entendem o que está acontecendo antes mesmo que os pais tomem consciência do fato. Eles compreendem que as coisas entre os pais não vão bem e em geral leem a dinâmica do casal como algo de trágico para eles. Experimentam uma sensação de onipotência sobre a possibilidade de colocar as coisas no lugar, ou de impotência ao fantasiar o abandono. Tudo isso passa na cabeça dos filhos, sobretudo enquanto os pais não explicam o que está acontecendo. É possível fazer isso em qualquer idade, mesmo quando ainda não entendem as palavras. Eles compreendem, porém, as emoções, e a necessidade que sentem é de que mamãe e papai dediquem tempo para explicar o que está acontecendo na família. Eles têm direito.

O que está acontecendo na família diz respeito ao terceiro ponto: o que dizer. "Diga-nos o que devemos dizer..."; "Devemos falar a verdade ou então devemos...", pedem os pais.

Sou da opinião que se deve dizer a verdade aos filhos. Mas qual verdade? O que significa? Qual é a verdade que os pais podem contar aos filhos? Não creio que ela possa estar ligada à vivência de casal, frequentemente ainda muito confusa na cabeça dos pais, nem à ação legal. Creio que a verdade seja aquilo que está para acontecer e aquilo que acontecerá a partir dali. Os filhos precisam disso, ou seja, saber que papai e mamãe estão se separando e que a partir desse dia... Podem perguntar por que vão se separar: "Porque não conseguem se entender, porque não se amam mais, porque não é mais possível para eles conviver na mesma casa, porque por enquanto não sabem bem o motivo, mas não podem mais ficar juntos". Podem também perguntar se ainda se querem bem. Ou podem sair para não ouvir mais nada... É importante que os pais se preparem para esse momento, de modo a manter o maior cuidado e carinho para acolher o que virá, sabendo que os filhos têm necessidade de segurança com relação ao futuro e à vida cotidiana. Quem vai cuidar deles, se eles ainda são amados...

O momento de contar é um dos acontecimentos mais importantes da separação: permanece impresso na memória como a cena-mãe, para utilizar as palavras da grande psicanalista francesa Françoise Dolto.

*Não existe, portanto, uma atitude padrão, predefinida, mas convém estar atento a como se é pai e mãe, qual é a situação, o que sente vontade de fazer. Negativo é não dizer nada, achando que o filho não compreende.*

Às vezes os pais me dizem: "Eles não perguntam nada, então nós não explicamos". Mas os filhos fazem perguntas e pedem explicações quando percebem que os pais estão dispostos a responder; os filhos não têm nenhuma vontade de colocar seus pais em dificuldade. Esperar as perguntas significa esperar que o filho realize uma tarefa que deveria ser dos pais. São os adultos que devem assumir a responsabilidade de dizer: "Está acontecendo isto". A tendência de alguns pais de esperarem que o filho pergunte é mais simplesmente uma manifestação da dificuldade de enfrentar o tema, mas recordemo-nos sempre que os pais estão realizando uma das tarefas mais difíceis da vida deles.

*Segue depois a expectativa, quando já se falou da separação ao filho, mas ainda não aconteceu necessariamente alguma coisa. Peço a Ilaria que fale da vivência dos filhos e a que os pais devem estar atentos a fazer ou não.*

A expectativa conduz à possibilidade de dar sentido e significado ao que está acontecendo e à possibilidade de que seja um tempo bom, no qual os pais, mais do que fazer algo, pensem, entrem em acordo, sozinhos ou com ajuda de alguém, e tentem resolver como reorganizar a vida. Procurem descobrir o que há de bom e o que deve ser salvo na relação, para que isso constitua as raízes dos seus filhos. Diante de pais que discutem, os filhos podem perguntar de onde isso vem, qual é a sua origem e é importante que os pais possam responder a essa pergunta ontológica. Há um belíssimo livro, *Il bambino filosofo* [O bebê filósofo], da conhecida filósofa americana Alison Gopnik, especialista em aprendizagem infantil, que nos ajuda a compreender quais são as perguntas importantes das crianças ao crescerem. Creio que o acontecimento da separação gere muitas dessas perguntas, todas ao mesmo tempo. Robert Emery, terapeuta e mediador familiar americano, em uma obra sua escreve: "O problema não é que os pais devam fazer muitas coisas, mas que sintam que devem fazê-las todas ao mesmo tempo".

No momento da separação os filhos podem precisar de muita atenção e, se os pais e as pessoas próximas estiverem atentos às suas necessidades, podem evitar que a dor se transforme em tragédia. Aprendi, contudo, que não é bom que esse tempo seja muito longo, nem nas situações mais pacatas nem nas mais conflituosas. Quando a separação leva muito tempo para se consumar, reina a confusão: um chove não molha que tira as pessoas do sério, a começar pelos filhos, que veem, observam e aprendem códigos de comportamento e maneiras de lidar com o conflito.

*Depois há o momento em que um dos pais vai embora; o que acontece com o filho nessa mudança?*

Também esse é um momento importante, que entrega simbolicamente ao filho uma parte relativa ao sentido daquilo que está acontecendo. Ter cuidado, portanto, é indispensável. É o cuidado que dá importância às coisas e os filhos percebem isso.

Quando um dos pais vai embora, o sentimento de culpa do filho é ativado. Ele se sente no centro do acontecimento e, por isso, busca a sua responsabilidade no sentido da ação ou da aquiescência: algo que fez de errado ou que não fez direito. Esse momento poderia assumir o valor de um ritual: estabelece, no fundo, a passagem de uma família unida a uma separada. Nossa sociedade é caracterizada pela ausência de rituais. Considero que esse momento poderia assumir o valor simbólico de um rito. Deve haver cuidado, não tanto no que diz respeito a procedimentos padronizados, mas sim segundo a cultura daquela família. O rito está inserido na tradição e na cultura e não pode prescindir dela. Por isso, é importante que a família o prepare, a partir daquilo que é e que foi, ou seja, a partir da sua história. Preparar esse momento é importante, porque saúda o *imprinting** daquilo que será. Ao sair de casa, o ge-

---

* Em Psicologia, *imprinting* refere-se ao comportamento ou atitude que marca e fica impressa na mente do indivíduo, a ponto de alterar características de personalidade e comportamento. (N.E.)

nitor deve ter claro de quem está se afastando, assim como o genitor que permanece com os filhos deve saber bem de quem o outro está se distanciando. Nada disso é simples de ser compreendido, principalmente para quem vive a separação como um erro. Mas é o que os pais devem a seus filhos.

*Em algumas situações, o genitor faz do filho seu aliado; interessa-me aprofundar com Ilaria esse aspecto, que considero muito complexo e delicado.*

Um filho que vive "triangulado" no conflito está sempre muito mal. É difícil se convencer dessa situação, pois com frequência a adaptação à situação se faz também mediante ajustes hipersocializados e bem-aceitos por quem está próximo.

Gostaria de dizer que, muitas vezes, um filho chamado a se aliar a um genitor não exprime o mal-estar em ter que colocar entre parêntesis o importante elo com o outro. Muitas vezes aprende o papel e o recita muito bem: "Não quero mais vê-lo", "O papai nos abandonou", "Ela é uma bruxa"...

O genitor que busca a aliança com o filho atesta com toda evidência a sua fragilidade, mas nem sempre é o que deixa transparecer. Ao contrário, mostra força, audácia, tenacidade em manter o filho como objeto das suas proteções.

Muitas vezes o filho toma o lugar daquele que saiu de casa: reconstrói-se um casal filho-genitor, com a finalidade de responder às necessidades daquele que se sente sozinho e não para atender às necessidades do filho. Filhos que se tornam homenzinhos ou mulherzinhas, que cuidam dos pais, que administram a conflituosidade entre mãe e pai, muito bons alunos para não criar outros problemas... Filhos que não são mais filhos e sim filhos-genitores. Não se percebe mais o limite entre mãe-filho e pai-filho.

Aliar-se com o filho contra o outro genitor, portanto, certamente cria obstáculos ao desenvolvimento de uma boa relação com o próprio filho. Simbolicamente, a relação prejudicada não é tanto a estabelecida com o outro genitor, mas aquela com o genitor que triangula. É verdade que o outro genitor, sob o ponto de vista da interação, poderá ter menos ocasiões de encontro com o filho, mas ao longo do tempo ele mesmo buscará aquele elo interrompido. Para compreender tal dinâmica, servimo-nos do Modelo Teórico Relacional Simbólico, que é minha referência. A relação é constituída por duas partes: uma visível e a outra não. A parte visível é a das interações; a invisível diz respeito aos significados que se atribuem às interações. Ambas as partes fundamentam o elo, mas a parte relativa aos significados é a que nos permite dizer que os elos são para sempre.

*Emerge, portanto, a necessidade de compreender o que o filho precisa... sabendo diferenciar o que é próprio do genitor e o que é próprio do filho.*

É preciso diferenciar a necessidade do genitor e a do filho. Estamos sempre muito pouco habituados a separar-nos bem dos nossos filhos, a deixar que se identifiquem com outros além de nós. Não é fácil, porque o jogo está no equilíbrio entre a proximidade e o distanciamento. Sobretudo em um momento de sofrimento, é muito fácil cair na armadilha do "dentro de todos", uma expressão de um genitor durante um grupo de estudos, que culpa muito os outros. "Dentro de todos" na dor, no ódio, na sensação de abandono... Aquele mesmo genitor afirmou: "Eu não abandonei os meus filhos; mas eles continuam dizendo que eu os abandonei".

*Das entrevistas emerge que às vezes o genitor concede ao filho a função de confidente e isso, se de um lado faz com que o filho se sinta importante, de outro o sobrecarrega de responsabilidade e tolhe a sua infância ou juventude, ao menos em parte... O que você acha?*

O filho-amigo-confidente não pode mais ser filho. Creio que basta dizer isso. Uma das necessidades dos filhos que mais surgem durante os grupos de palavra é justamente esta: permanecer filho de ambos os pais, poder amá-los ainda e sentir que pode ser amado por ambos.

*Na separação há uma parte concreta, na qual o filho se pergunta o que fará, onde irá morar... como o seu dia a dia será reorganizado. Em sua experiência, a que se deve dar atenção?*

Essa fase incide muitíssimo na adaptação do filho. A vida de todos é feita de cotidianidade. Os filhos não têm necessidade de saber qual o motivo específico pelo qual mãe e pai estão se separando, ainda que o casal o tenha compreendido (já falamos que isso é verdadeiramente complexo), mas, sim, o que acontecerá amanhã e depois de amanhã, daqui a um mês e no próximo verão, e por que não poderá ver o papai quando quiser, e se quiser muito como fará para vê-lo.

Por isso a mediação ajuda os genitores a trabalharem a reorganização da vida a partir da cotidianidade. Trabalhar para construir um calendário que responda às necessidades dos filhos significa encontrar um modo de continuar a ser pai/mãe. Combinar quem irá às reuniões na escola e quem assinará o boletim, mais do que saber como serão escolhidas as atividades do tempo livre e com quem ficará o filho quando mamãe e papai estiverem ocupados, torna-se um modo de trabalhar, simbolicamente, a ideia de que a família permanece família, embora separada. Os pais continuam pais, ainda que separados. O filho permanece filho, embora de pais separados.

*Em algumas separações se veem divisões quase matemáticas dos tempos de estar com o filho. Mas o que tem a ver a matemática com a relação?*

Somos de uma cultura que delegou totalmente ao campo legal a gestão da separação; os aspectos pedagógicos, psicológicos e sociológicos foram confiados a um procedimento técnico no qual as pessoas são chamadas a dar novo sentido às suas vidas através da formulação de um novo tipo de contrato.

Mas, se os procedimentos racionais podem responder mais ou menos adequadamente àquilo para o qual foram criados, o ser humano se move e sapateia quando as suas necessidades não são satisfeitas. É assim. Os membros das famílias e as famílias mostram todo o descontentamento diante dos velhos procedimentos, ao menos no que diz respeito à lei do divórcio, nos quais, por exemplo, o filho era confiado a um único genitor. A atenção às necessidades dos filhos, baseada também em novas visões sobre o afeto, levou à instituição da lei da guarda compartilhada.

Essa lei quer afirmar que, quando ocorre a separação, ambos continuam a ser pai e mãe. Muito frequentemente esse "ambos" é vivido como uma forma de os dois usufruírem do filho, mais que permitir que o filho usufrua de ambos.

"Ambos" se torna "metade cada um". O que não é muito distante de dividir o filho ao meio e cada um levar um pedaço para casa.

Na base da guarda compartilhada há outra ideia, que os legisladores utilizaram, talvez, sem levar em conta a cultura da qual provimos, e que custará para substituir a de que a única forma de construir uma boa relação com o próprio filho é através do elo construído com ele, excluindo o outro genitor. A ligação pai/mãe e filho, na realidade, é algo que se constrói a três e está no espelhar-se, isto é, na colaboração de ambos os genitores, e que leva o filho a criar uma ligação forte com mãe e pai.

*É possível, portanto, ser pais apesar da separação?*

Essa é a pergunta com a qual muitos casais entram na sala da mediação. E é uma pergunta apropriada ao percurso de mediação, contanto que ela nasça como instrumento para ajudá-los a continuarem a ser pais. Sim, pode-se continuar a ser pais. Contudo, é oportuno saber como. Qual tipo de paternidade pode-se levar adiante?

A guarda compartilhada parte da ideia de que a paternidade seja exercida no espelhamento, ou seja, na colaboração da tríade pai-mãe-filho. Algo complexo mesmo para as famílias unidas. Trata-se da conhecida coparticipação na qual mãe e pai combinam as escolhas comuns e extraordinárias com o objetivo de construir juntos um quadro familiar único, não obstante as duas casas. Para realizar isto é necessário respeito, confiança e estima recíprocos. Alguma coisa da relação de casal foi salva e agora é possível explicar o "para sempre" da conjugalidade na paternidade.

Ou, então, existe uma forma de paternidade, um modo de continuar a ser pais mais orientado para a relação mãe--filho/pai-filho. Essa é a forma mais comum também nas famílias unidas. Trata-se da conhecida bipaternidade, na qual mãe e pai vivem uma relação mais autônoma com o próprio filho, com o objetivo de ambos construírem uma relação com esse filho. Nesse segundo caso, há o respeito e a confiança no outro genitor e isso permite deixar a cada um o próprio espaço relacional com o filho. Não creio, porém, que possa existir uma paternidade na qual o outro genitor é anulado, porque a paternidade é uma relação a três e é possível na medida em que um genitor consegue conter dentro de si a imagem do outro.

Embora a copaternidade responda melhor às necessidades de todos os membros da família, é necessário que cada um reorganize os próprios elos da melhor forma possível e não como melhor se deve. Os pais podem estabelecer, mas continua sendo necessário que sejam eles a definir os limites daquilo que conseguem ou não fazer. "O que podemos fazer juntos e o que ambos poderemos fazer" são perguntas que, na mediação, ajudam a orientar o modo de ser pais.

*Um aspecto importante é o que diz respeito às relações com os parentes, com os amigos, quando pode ser importante cuidar delas, mas as entrevistas demonstraram que não é fácil manter as relações com as famílias de origem.*

Distinguirei o discurso das relações com os amigos do discurso das relações de parentesco.

O famoso pintor espanhol Joan Miró dizia: "Aquele que não cultiva relações com as pessoas, se perde como pessoa". Acredito que essa seja uma grande verdade, sobretudo nos momentos de crise. É muito arriscado fechar-se em si, restringindo o círculo das pessoas com as quais se confrontar e dialogar. Os pais separados frequentemente se sentem sozinhos: é uma sensação que muitos descrevem nos grupos. A sensação de solidão, que acompanha cada mudança importante da vida do ser humano, algumas vezes se transforma em sentimento de abandono, que faz recordar fatos antigos e, com frequência, é difícil de ser administrado. Se é verdade que a solidão pode ser criadora, o abandono é menos. A simples necessidade de falar e de ser ouvido emerge de modo forte quando se está diante de uma dificuldade. Ao falar, o ser humano conta a si próprio coisas que nem mesmo ele sabia. Aquelas mesmas coisas se tornam enfrentáveis quando são verbalizadas, como nos recorda Dolto.

É esse o princípio sobre o qual se baseia, por outro lado, o trabalho dos grupos de palavra para os filhos de pais separados.

Outro tema são as famílias de origem, portanto as relações de parentesco. Hoje, as famílias de origem tornaram a ser muito presentes, e o são também na separação do casal. Podemos imaginar a separação como uma pedra lançada na água. Atinge a família, depois os parentes, depois os grupos secundários até a comunidade. Muitas vezes as ondas se propagam sob o impacto do conflito: quanto mais perturbador, mais se propaga; quanto mais se agridem, mais a sociedade se movimenta, muitas vezes julgando em vez de permanecer equidistante com relação aos pais e próxima dos filhos.

Desconhecendo o fato de que os pais, enquanto estão tentando matar a própria relação, na realidade, estão destruindo o filho, as pessoas envolvidas pela onda muitas vezes reagem criando alianças com um ou com outro. Isso é típico das famílias de origem que terminam no vórtice do ímpeto, sem parar para pensar que a guerra quase nunca se faz sozinho, mas, muito frequentemente, quando há aliados. Os aliados contribuem para a guerra. Na separação ninguém tem necessidade de aliados porque ninguém tem necessidade da guerra.

"Os filhos vencem quando os dois pais perdem." Às vezes acontece de eu dizer essa frase na mediação, raras vezes, na realidade. Pouco tempo atrás, um pai, como conclusão do percurso de mediação, me disse: "Agora compreendo o que queria dizer que perderíamos; é difícil perder, é difícil".

Os membros da família separada não têm necessidade de aliados, e sim de pessoas equidistantes. Em particular os filhos têm necessidade de pessoas capazes de manter-se fora da atribuição da culpa, mas dentro da relação com quem está elaborando um luto. Recordo um filho que num grupo disse: "Minha avó paterna nunca me diz que a culpa é da mamãe; mas a minha avó materna me diz sempre que a culpa é do papai; eu prefiro ficar com a mãe do papai". A possibilidade de permanecer com os pés nas próprias raízes é o que permite voar. A pintura catalã retrata bem isso, com os seus personagens de pés gigantes.

*As entrevistas demonstram que a separação não é uma coisa que se possa apagar. Existem desejos frustrados que retornam nas diversas histórias das quais se aproxima?*

A separação é um trauma que não se apaga e permanece inscrito na história de todos os membros da família. É bom que seja assim. Seria desumano se não o fosse. Outra coisa é dizer que a separação constitua uma tragédia para as pessoas. Não creio que seja verdade. A possibilidade de a separação não se transformar em tragédia depende dos recursos dos pais.

Um trauma reside, ao contrário, no desejo frustrado, ou seja, que mãe e pai estejam sempre juntos, pois é o "para sempre" que assegura amor aos filhos. Não só os pais, mas também os filhos não distinguem o elo conjugal do parental e apoiam o sentido de segurança na relação mãe-pai. Quando esta se rompe, emergem o medo de ser abandonado, o sentimento de culpa por não ter merecido uma família unida, a oscilação entre impotência e onipotência com relação à situação. São muitas as necessidades que emergem nos filhos e todas ao mesmo tempo quando o sonho do "para sempre" termina. Por isso escutar, observar, pensar, falar e reorganizar a vida, mantendo sólidos os elos importantes, é vital na vivência da separação. Recentemente, na mediação trabalhei com dois genitores sobre os momentos sagrados do dia, aqueles que, na opinião deles, devem ser mantidos na cotidianidade da filha. Quando os reencontrar, estou curiosa para saber se eles indicaram outros, quem sabe, até momentos nos quais estão coenvolvidos os avós. Deverão ser preservados, de modo a conservar a sensação de segurança da qual a filha tem necessidade.

*Nos testemunhos recolhidos não se pode deixar de notar que os filhos sempre esperam um pouco que os pais voltem a ficar juntos, quando se encontram para as festas, quando um dos dois vai encontrar o outro e os filhos; na sua experiência percebe essa esperança?*

Creio ser o desejo do "para sempre" dos filhos, porque foi essa relação que os gerou e cada um de nós busca as próprias origens. Muitas vezes o filho procura reparar o dano e é ativo na dinâmica da separação. Não é um expectador passivo. A coisa o interessa muito, para que fique apenas olhando.

Ele costuma experimentar o fracasso de não ter conseguido fazer aquilo que queria, mesmo que esse desejo seja, muitas vezes, pouco claro e veiculado por outras necessidades, típicas da idade evolutiva em que se encontra. Com efeito, muitas vezes nos esquecemos de que além da separação de mãe e pai, os filhos estão enfrentando as diferentes fases do crescimento com as consequentes tarefas de desenvolvimento. Em suma, nem todo o estar bem ou o estar mal dos filhos depende dos pais e, portanto, da separação. Eles também têm uma vida "deles", que deve ser preservada e deixar que flua.

*Estamos quase no final da entrevista e penso na enorme complexidade que existe ao tratar do tema separação. Pergunto o que significa para Ilaria fazer o seu trabalho.*

Para responder a essa pergunta, roubo uma frase de Emery: "Ajudar os pais a fazer com o coração o que sabem que devem fazer com a cabeça". Eis tudo. O mediador não sugere, não indica o que é mais ou menos bom, mas ajuda os pais a fazer o que desejam, mantendo vivo o interesse pelos filhos.

Suportar a transição e a reorganização das relações, o que significa auxiliar os pais a olhar o futuro, depois de salvar o possível do passado.

*Desde que começamos a falar, sinto que se passaram não somente muitas palavras, conceitos, mas também emoções, vivências que espero possam fazer pais e filhos que vivem a separação se sentirem menos sós. Gostaria de fazer uma última pergunta a Ilaria, que em parte ela já respondeu, mas que desejo retomar para aprofundar um pouco mais. É o pedido de um conselho para aqueles que se separam, justamente como fizemos para os nossos entrevistados.*

A mensagem que gostaria de deixar, diz respeito ao meu modo de trabalhar com as pessoas; se os elos são para sempre e são constituídos por duas partes inseparáveis – o que se vê (a interação) e o que não se vê (o significado) –, então é importante ter cuidado e paciência para que, na verdade as relações possam transformar-se, quer na sua parte visível (quais tempos e quais modos?), quer naquilo que não se vê (o que significa aquele tempo e aquele modo?). Cuidar da relação no respeito por si, por aquilo que foi e por aquilo que será.

## Lembre-se

- Gosto de procurar com as pessoas que encontro os muitos recursos que elas possuem, muitas vezes encobertos pelo conflito.
- Aliar-se com o filho contra o outro genitor, portanto, certamente cria obstáculos ao desenvolvimento de uma boa relação com o próprio filho.
- Nem todo o estar bem ou o estar mal dos filhos depende dos pais e, portanto, da separação. Eles também têm uma vida "deles" que deve ser preservada e deixar que flua.

# CONCLUSÕES

Acontece, no final de uma viagem, de perceber que o percurso teve um significado particular não tanto porque nos permitiu mover-nos, do ponto de partida à meta estabelecida, mas porque nos obrigou a mudar de perspectiva e, no final, esse ganho é aquilo que trazemos na mala em nossa chegada.

Tínhamos previsto, no início deste livro, que foi um pouco uma viagem, que observaríamos com um olhar divergente uma realidade comum, isto é, a experiência dos filhos de casais separados. Efetivamente fizemos isso, permitindo que falassem livremente, sem preconceitos, com respeito e gratidão, até mesmo com o cuidado de manter muito do que foi falado nos textos transcritos, perdendo um pouco do estilo, mas ganhando em autenticidade.

Mas não pensávamos alcançar dois êxitos imprevistos e, por isso mesmo, ainda mais preciosos.

Antes de tudo o emergir de uma necessidade: pensávamos encontrar histórias para satisfazer um interesse nosso e – assim esperávamos – de quem nos lesse. Mas nos demos conta de que tínhamos um desejo um tanto urgente e recorrente, como um rio caudaloso, nas nossas comunidades, entre as pessoas que encontramos e que, talvez, habitualmente não desfrutam de uma oportunidade desse gênero. Diremos hoje que a ferida mais profunda que a experiência da separação deixa nos filhos não é a da fragmentação familiar, com o qual se consegue lidar, mas a dificuldade de encontrar palavras e ocasiões para elaborá-las. E, se ao menos para as pessoas contatadas conseguimos oferecer isso, nosso esforço teve um sentido.

O segundo resultado é mais pessoal, está do lado da mesa dos dois autores, mas nos agrada partilhar. Misturar-se com bagagens profissionais diferentes e com abordagens diversas – orientados por quem conduziu as entrevistas, mediados por quem interveio em segunda instância – permitiu, em primeiro lugar, que nos ajudássemos mutuamente, que não sobrepuséssemos aquela pitada de narcisismo autoral, que arrisca sempre emergir, à realidade que pretendíamos encontrar. Não é uma pretensão de neutralidade, que não existe, mas a tentativa, reciprocamente reforçada, de retrairmo-nos, de dar voz às pessoas que viveram momentos difíceis, pois a dor sabe encontrar caminhos de cura por si mesma e, definitivamente, de esperança. A isso assistimos e desejamos fazer circular: a esperança de poder ser úteis às pessoas que estão vivendo a separação, sobretudo como pais. Ajudar um pai significa ajudar o filho que está ao seu lado, o que não é pouco. Nas dificuldades, encontrar pequenas formas de ajuda para entrever uma pista possível, reconhecer-se nas palavras de outrem, encantar-se com breves frases que permitam sentir-se compreendido, pode ajudar a se sentir menos só e, portanto, menos frágil. Porque, quando a vida nos coloca à prova, ter "bons companheiros de viagem" – uma pessoa, um grupo, até mesmo um livro – ajuda e dá esperança.

# BIBLIOGRAFIA

BOMBARDIERI, M. *Come faccio a essere un bravo genitore*. 5. ed. Milano: Paoline, 2009.

_____. *Con ali di farfalla*. Reggere ai dolori della vita. Milano: Paoline, 2011.

_____; CAVALLI, G. *La relazione genitori-figli*. Brescia: La Scuola, 2011.

CAROFIGLIO, G. *Non esiste la saggezza*. Milano: Rizzoli, 2010.

CIGOLI, V. *L'albero della discendenza*. Milano: Franco Angeli, 2002.

CYRULNIK, B.; MALAGUTI, E. *Costruire la resilienza*. Trento: Ericson, 2007.

IORI, V. *Essere per l'educazione*. Firenze: La Nuova Italia, 1988.

_____. *Separazioni e nuove famiglie*. Milano: Raffaello Cortina, 2006.

MARZOTTO, C. *I gruppi di parola per i figli di genitori separati*. Milano: Vita e Pensiero, 2010.

NOVARA, D. *Dalla parte dei genitori*. Strumenti per vivere bene il proprio ruolo educativo. Milano: Franco Angeli, 2009.

_____. *La grammatica dei conflitti*. L'arte maieutica di trasformare le contrarietà in risorse. Casale Monferrato: Sonda, 2011.

PEDRO-CARROLL, J. *Putting children first*. New York: Penguin Group, 2010.

SCABINI, E.; CIGOLI, V. *Il famigliare*. Milano: Raffaello Cortina, 2000.

VEGETTI FINZI, S. *Quando i genitori si dividono*. Milano: Mondadori, 2005.

Impresso na gráfica da
Pia Sociedade Filhas de São Paulo
Via Raposo Tavares, km 19,145
05577-300 - São Paulo, SP - Brasil - 2017